大展好書　好書大展
品嘗好書　冠群可期

大展好書　好書大展
品嘗好書　冠群可期

少林功夫 ㉒

# 少林常用器械

徐勤燕
釋德虔　編著

大展出版社有限公司

# 作者簡介

　　**徐勤燕**　女，生於 1962 年，原籍山東郯城。自幼從父徐祗法（法名素法）學練少林武術，於 1982 年春到少林寺拜素喜和尚爲師，賜法名德炎。在少林寺學武多年，擅長少林看家拳、螳螂拳和十八般武藝。不僅武功卓著，而且文筆亦佳，十年來共著有《少林功夫辭典》《少林羅漢拳》《少林劍術秘傳》等三十餘部少林武術專著，總計 350 萬字，發行到世界 48 個國家和地區，爲弘揚少林武術和促進中外文化體育交流有極大的貢獻。

　　德炎大師先後應邀赴新加坡、馬來西亞、俄羅斯、日本等國家訪問教學，受到國際武術界高度好評。現任少林寺國際武術學院院長、登封市少林少年軍校校長兼政治委員、國際少林拳聯合總會副秘書長等職。

少林常用器械

作者簡介

**釋德虔** 俗名王長青，男，生於 1943 年，原籍河南省登封市大金店鎮王上村。自幼皈依少林寺，拜素喜和尚為師，賜法名德虔。跟恩師專習少林武術六年，又跟少林高僧德禪學習中醫、針灸、氣功等，跟永祥和尚學練達摩易筋經、八段錦、七十二藝、點穴、擒拿、硬氣功等。1960 年寧夏中醫學校畢業，當年應征入伍，先後在新疆軍區工二師十四團和伊利地區行醫。1980 年返回少林寺，從事武術研究工作。

1982 年得到永祥和尚在少林寺火焚前復抄的《少林拳譜》四十八卷，開始從事少林武術的挖掘整理工作。二十年來撰寫了《少林拳術秘傳》《少林十八般武藝》《少林武術精華》《少林百科全書》《少林氣功秘集》等 70 多部少林武術專著，總計 1800 多萬字，發行到世界 82 個國家和地區，被譽為「少林書王」。1992 年榮獲全國武術挖掘整理優秀成果獎。

德虔法師 1990～2004 年先後應邀赴美國、日

本、紐西蘭、俄羅斯、加拿大等 41 個國家和地區
訪問講學,中外弟子多達八千人,可謂桃李滿天
下。現任中國武術學會委員、國際少林易筋經學會
會長、國際少林聯合會顧問團團長、少林寺國際武
術學院常務院長等職。

# 前 言

　　少林武術起源於中國河南省嵩山少林寺，距今有一千五百多年的歷史，可謂源遠流長，馳名中外。

　　少林武術是少林寺僧和俗家弟子長期艱苦磨練的結晶，具有樸實無華、進退一線、曲而不曲、直而不直、滾出滾入、重在實戰等特點，是我國最早最大的民間武術流派之一。久練不僅可強身健體、祛病延年，還可陶冶性情、磨練意志；不僅有自衛護身和懲罰歹徒的實際作用，還能從中得到人體美的藝術享受。

　　早在唐代，少林武術就開始傳向日本、韓國、越南、泰國、緬甸等國家和地區。新中國成立後，少林武術得到了空前未有的大發展。據統計，目前全世界已有六十多個國家約三千多萬人練習少林武術。正可謂：少林拳花開九州，少林弟子遍世界。

　　近幾年來，國內外同門和廣大少林武術愛好者紛紛來電來函，要求編寫一套通俗易懂、易於推廣的少林傳統武術教材。爲了滿足他們的要求，更廣泛地普及和推廣少林傳統武術，我們在人民體育出

版社的幫助下，根據珍藏少林拳械秘本和當今實際
教學經驗，編寫了這套「少林傳統武術普及教
材」。

　　本教材共分爲八冊：《少林武術理論》《少林
武術基本功》《少林拳》《少林棍》《少林常用器
械》《少林稀有器械》《少林拳對練》《少林器械
對練》。前兩冊是對少林武術的內容、常用術語、
教學訓練、基本功夫、基本技法的介紹和概論；後
六冊則是從《少林拳譜》的 576 個套路中精選出
52 個優秀傳統套路，分別對各動作圖附文加以說
明。

　　本教材適宜國內外各武術館校、輔導站等習武
場所的學員和教練員應用，並可供中小學體育教師
和公安、武警工作者參考。

　　由於水平所限，書中錯誤難免，敬請讀者批評
指正，以利再版時修訂。

　　本書在編寫和出版過程中，得到青年武師姜健
民、陳俊錯、張軍偉、章順亮等大力支持，得到人
民體育出版社叢明禮、駱勤方、范孫操等熱情幫
助，在此一併致謝。

編著者

於少林寺

# 目　錄

少林常用器械

# 一、少林十三槍

**歌訣：**

少林十三槍，起勢刺胸膛。
絞槍掛右左，萬箭穿心房。
騰空火龍勢，回頭望月亮。
夜叉探海深，呂布戟勝槍。
仙人指路明，白鶴展翅膀。
左右飛車輪，騰空鑽天上。
鷂子連翻身，槍譜泄秘藏。

## 動作名稱及順序

| | | |
|---|---|---|
| 預備勢 | 1. 平心刺槍 | 2. 虛步絞槍 |
| 3. 平心刺槍 | 4. 呂布托戟 | 5. 平心刺槍 |
| 6. 虛步絞槍 | 7. 萬箭穿心 | 8. 火龍勢 |
| 9. 回頭望月 | 10. 呂布托戟 | 11. 平心刺槍 |
| 12. 夜叉探海 | 13. 單飛車輪 | 14. 呂布托戟 |
| 15. 鷂子連翻身 | 16. 夜叉探海 | 17. 仙人指路 |
| 18. 織女穿梭 | 19. 白鶴亮翅 | 20. 箭步單叉 |
| 21. 戳胸槍 | 22. 舞花二起腳 | 23. 頭望月 |
| 收勢 | | |

圖 1　　　　　　　　　圖 2

### 預備勢

兩腳併立，身胸挺直，右手握槍，左臂下垂，掌附左大腿外側，目視前方（圖1）。

接上動作，左腳向左橫開半步，左掌變拳，抱於腰間，頭向左擺（圖2）。

### 1. 平心刺槍

抬左腳，左平接槍（圖3），再抬右腳向前跳一步，左腳下落於右腳前，體向左轉90度，使兩

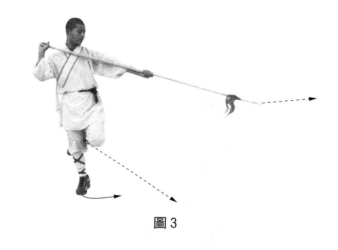

圖 3

圖 4

腿成左弓步。同時，左手向後滑把，兩手托槍向
前平刺（圖4）。

圖 5

## 2. 虛步絞槍

右腳不動，收左腳向後半步，兩腿微蹲，使
兩腿成虛步。同時，左手向前滑把，兩手托槍向
前下方絞刺，目視槍鋒（圖5）。

## 3. 平心刺槍

左腳向前上半步，以兩腳為軸，體右轉90
度，使兩腿成馬步。同時，兩手托槍上挑（圖
6）。

圖 6

圖 7

　　接上動作，以兩腳為軸，體向左轉 90 度，使兩腿成左弓步。同時，左手向後滑把，兩手托槍向前平刺，目視槍鋒（圖 7）。

圖 8

### 4. 呂布托戟

抬右腳向前上一步，體左轉 90 度，兩腿半蹲
成馬步。同時，兩手托槍由前向後再由後向上、
向前托槍，然後倒右把，兩手托槍向前斜刺，目
視槍鋒（圖 8）。

### 5. 平心刺槍

以兩腳為軸，體右轉 90 度，使兩腿成右弓
步。同時，右手向後滑把，兩手托槍向前平刺，
目視槍鋒（圖 9）。

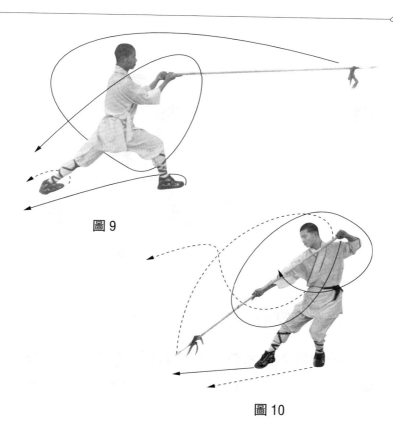

圖 9

圖 10

## 6. 虛步絞槍

以兩腳為軸，體向左轉 180 度，抬右腳向前
上一步，兩腿微蹲成虛步。同時，兩手持槍隨身
向左掄舞花，然後向前絞槍、紮槍，目視槍鋒
（圖 10）。

圖 11

### 7. 萬箭穿心

抬兩腳向前墊跳一步，右腳落於左腳前，使兩腿成右弓步。同時，右手向後滑把，向前刺槍（圖 11）。

### 8. 火龍勢

先抬左腳，後抬右腳，向右翻身（體向右轉180度）跳步，左腳落右腳前，兩腿微蹲成虛步。同時，兩手倒把，托槍上架（圖 12）。

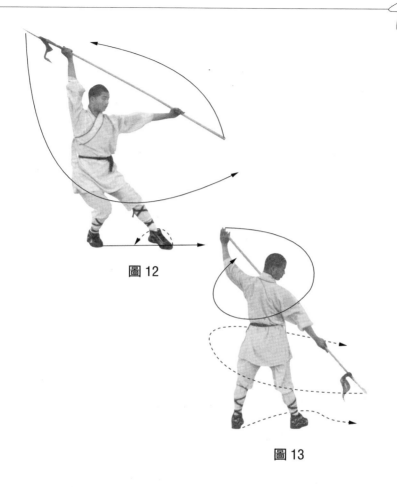

圖 12

圖 13

## 9. 回頭望月

　　右腳向前上一步，體左轉90度，同時兩手托槍由後向下返前撩槍（圖13）。

圖 14

接上動作，左腳移於右腳後外側一步，使兩腿成插步。同時，兩手托槍向左掄舞花，然後向右側下方絞刺，目視槍鋒（圖 14）。

## 10. 呂布托戟

抬左腳向左橫跨一步，上體左轉 45 度，兩腿半蹲成馬步，同時兩手托槍隨身由後向前劈刺，目視槍鋒（圖 15）。

圖 15

圖 16

## 11. 平心刺槍

以兩腳為軸，體向左轉 90 度，使兩腿成左弓步。同時，左手向後滑把，兩手持槍向前平刺，目視槍鋒（圖 16）。

圖 17

## 12. 夜叉探海

以兩腳為軸，體向右轉 90 度，同時兩手托槍滑把向右穿根（圖 17）。

接上動作，抬右腳，再抬左腳，使身體向左轉 180 度，轉身後兩腿成左橫弓步。同時，兩手托槍隨身掄槍，然後向左側下方紮槍（圖 18）。

## 13. 單飛車輪

以兩腳為軸，體右轉 180 度。同時，左手脫把，右手持槍繞頭過肩（圖 19）。

圖 18

圖 19

圖 20

接上動作，右手握槍向右往左反覆掄五圈，再向右連翻兩個滾身（體右轉 360 度），第二個滾身過後使兩腿成馬步，兩手托槍向左側平刺（圖 20）。

### 14. 呂布托戟

以兩腳為軸，體向左轉 90 度，抬右腳向前上一步，體繼而左轉 90 度，使兩腿成馬步。同時，兩手倒把，掄半舞花，然後托槍向右劈槍，目視槍鋒（圖 21）。

### 15. 鷂子連翻身

先抬左腳，後抬右腳，連續向左翻身（體左轉 360 度）跳步，轉身後兩腿落成馬步，兩手托

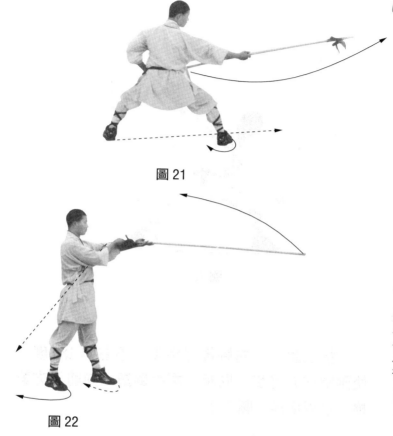

圖 21

圖 22

槍，向右側斜挑，目視右側。

## 16. 夜叉探海

以兩腳為軸，體向右轉 90 度，抬左腳向前上半步。同時，兩手倒把，持槍根向前戳（圖 22）。

圖 23

接上動作，右腳後退半步，體右轉 180 度，使兩腿成右弓步。同時，兩手倒把，向前下方紮槍，目視槍鋒（圖 23）。

### 17. 仙人指路

以兩腳為軸，體左轉 180 度，抬右腳向前上一步，與左腳成併步。同時，左把向下滑，兩手握槍上端隨身向前進槍根（圖 24）。

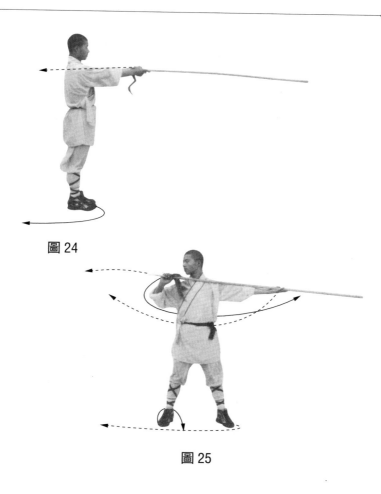

圖 24

圖 25

## 18. 織女穿梭

右腳後退半步，體右轉 90 度。同時，兩手滑
把，槍鋒向右稍進（圖 25）。

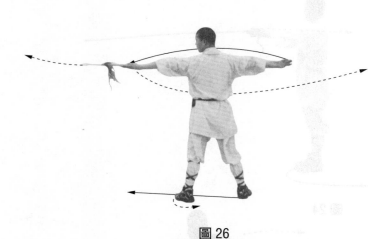

圖26

接上動作，以兩腳為軸，體向右轉90度，抬左腳向前上一步，體再右轉90度。同時，兩手換把，展臂托槍（圖26）。

### 19. 白鶴亮翅

以兩腳為軸，體向左轉90度，抬右腳向前上一步，體繼而左轉90度。左手脫把，向左側展臂亮掌；右手持槍，向右側穿槍。目視右槍（圖27）。

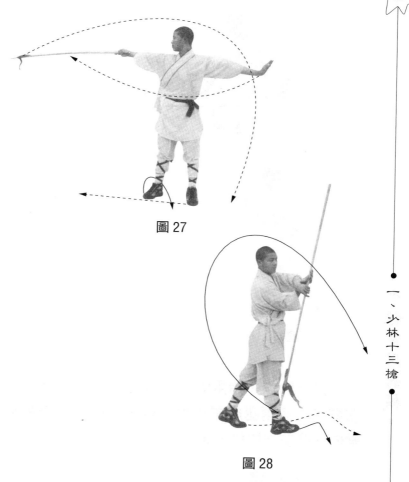

圖 27

圖 28

## 20. 箭步單叉

以兩腳為軸，向右轉身掄舞花（圖 28）。

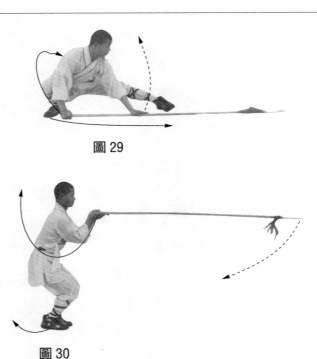

圖 29

圖 30

接上動作，抬兩腳向前箭跳一步，左腳落於右腳前，使兩腿成左仆步。同時，兩手托槍隨身勢向左側前方劈槍（圖 29）。

### 21. 戳胸槍

起身，抬右腳向前上一步，震腳（響亮），與左腳成併步。同時，左手向後滑把，兩手握槍向前刺（圖 30）。

圖 31

圖 32

## 22. 舞花二起腳

右腳後退半步，體右轉 135 度，兩手握槍隨身向右掄舞花（圖 31）。

接上動作，右手脫把，左手持槍，抬腳向前、向上跳躍，當全身騰空時，抬右手拍擊右腳面（響亮）（圖 32）。

圖 33

圖 34

## 23. 回頭望月

　　兩腳落地後右腳在前，體向左轉 90 度，使兩腿成右弓步。同時，左手握槍掄半花，背於身後，右掌變拳向右架肘亮拳，目視左側（圖 33）。

### 收　勢

　　收左腳與右腳成併步，左手握槍，向右掄半花，右手接槍，沉把豎槍於身右側，左手畫弧後垂臂抱拳於腰間，目視前方（圖 34）。

# 二、少林梅花槍

**歌訣：**

少林梅花槍，起勢鳳朝陽。

呂布托戟勢，槍鋒過胸膛。

向上鎖咽喉，偷施撩陰槍。

舞花迷魂陣，巧施回馬槍。

更有絞腸沙，織女穿梭忙。

金雞獨立招，上下均抵擋。

枯樹盤根攔腰打，難抵少林梅花槍。

## 動作名稱及順序

預備勢　　　　1. 丹鳳朝陽　　　2. 金雞獨立

3. 呂布托戟　　4. 馬上刺槍　　5. 穿心槍

6. 二郎擔山　　7. 回馬槍　　　8. 左右絞槍

9. 鎖喉槍　　　10. 太公划船　　11. 十字披紅

12. 呂布托戟　　13. 回馬殺槍　　14. 迎門劈槍

15. 夜叉探海　　16. 織女穿梭　　17. 金雞鎖喉

18. 舞花　　　　19. 提靴納槍　　20. 彈槍踢球

21. 旋風槍　　　22. 鎖喉槍　　　23. 絞槍

24. 枯樹盤根　　25. 織女穿梭　　26. 攔腰槍

圖1                              圖2

27. 鎖喉槍        28. 燕子掠水        29. 丹鳳朝陽

### 預備勢

兩腳併立，身胸挺直，兩臂下垂，右手握槍，左掌附於左大腿外側，目平視（圖1）。

接上動作，左腳向左跨半步，左掌變拳，抱於腰間，目視左側（圖2）。

### 1. 丹鳳朝陽

兩腳不動，左拳變掌，向左側擺掌，掌心向左，掌指向上，目視左手（圖3）。

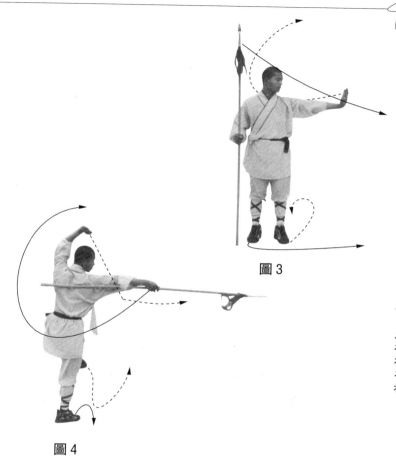

圖 3

圖 4

## 2. 金雞獨立

以兩腳為軸，體向左轉 90 度，抬右腳向前上一步，抬左腿向前提膝。同時，右手握槍向右側前進槍，左掌上架於頭上前方，目視槍鋒（圖 4）。

圖 5

接上動作，左腳下落右腳內側一步，體右轉
180度，右腳向後退一步，抬左腿向前提膝。同
時，右槍收回胸前，然後舉臂架槍於頭上，槍鋒
向左，左掌向左推出，目視左手（圖5）。

### 3. 呂布托戟

左腳下落右腳內側一步，體向左轉90度，抬
右腳向前上一步，體繼而左轉90度。同時，槍掄
半舞花，左手接槍，使槍體斜臥身前，槍鋒向
左，目視槍根（圖6）。

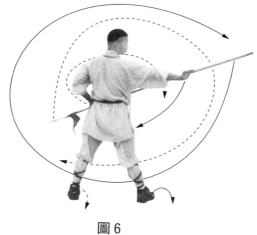

圖 6

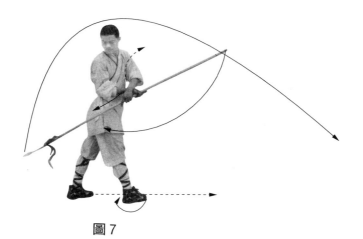

圖 7

## 4. 馬上刺槍

兩腳不動，兩手握槍由左向右掄舞花（圖7）。

圖 8

接上動作，左腳向前上一步，體向右轉 90 度，兩腿屈膝半蹲成馬步。同時，槍由後向前繞頭向右側前方斜刺，目視槍鋒（圖 8）。

### 5. 穿心槍

抬右腳向左橫上一步，然後抬左腳向後提膝，槍鋒下沉（圖 9）。

接上動作，左腳向左側落地，體向左轉 90 度，使兩腿成左弓步。同時，兩手托槍向左絞槍，然後左把後移，推槍向前直刺，目視槍鋒（圖 10）。

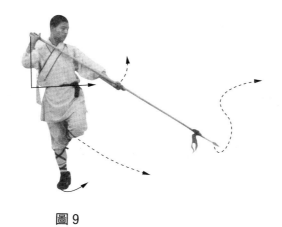

圖 9

圖 10

圖 11

圖 12

## 6. 二郎擔山

　　以兩腳為軸，體向右轉90度，左腿全蹲，右腿伸直，使兩腿成右仆步。同時，槍根向右進，停於右腳之上，目視槍根（圖11）。

　　接上動作，起身，使兩腿成右弓步。同時，右手舉把，使槍體繞頭落於兩肩上，槍鋒向後，目視槍鋒（圖12）。

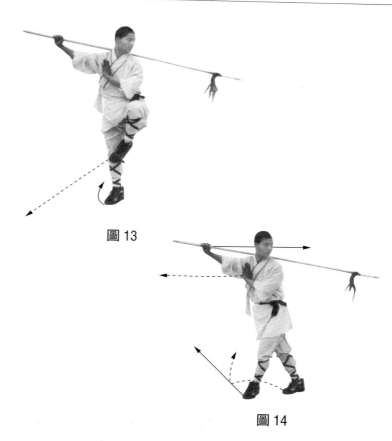

圖 13

圖 14

## 7. 回馬槍

右腳不動，抬左腿提膝。同時，左手脫把，向右屈肘亮掌，目視左側（圖 13）。

接上動作，左腳向右落一步，使兩腿成插步，左手不變，目仍視左側（圖 14）。

圖 15

圖 16

　　接上動作，抬右腳向前上一步，然後先抬左腳，後抬右腳，向右翻身（體轉 360 度）跳步，左手脫把，右手握槍前刺（圖 15）。

## 8. 左右絞槍

　　兩腳落地成開步，兩手托槍，由右向左絞槍，目視槍鋒（圖 16）。

圖 17

圖 18

接上動作，左腳向左跨半步，使兩腿成馬步，兩手托槍，由左向右絞槍，目視槍鋒（圖 17）。

### 9.鎖喉槍

以兩腳為軸，體向左轉 90 度，使兩腿成左弓步。同時，左手向後滑把，兩手托槍，向前上方直刺，目視槍鋒（圖 18）。

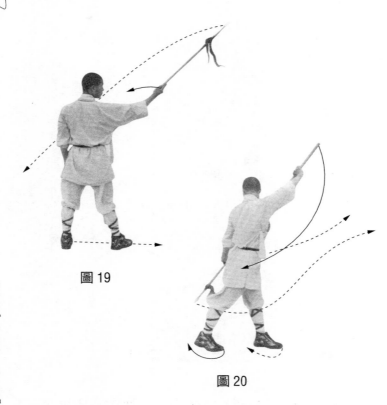

圖 19

圖 20

## 10. 太公划船

右腳向前上一步，體向左轉 90 度，同時右手向上移把，兩手斜托槍（圖 19）。

接上動作，左腳向前上一步，兩手倒把，向後畫槍，目視左側後方（圖 20）。

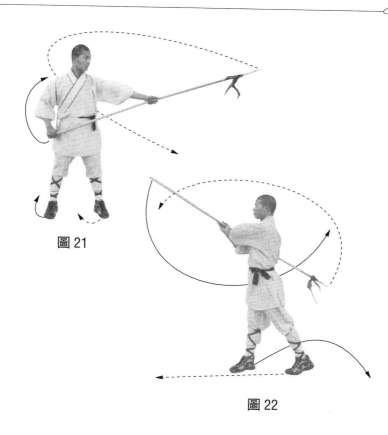

圖 21

圖 22

## 11. 十字披紅

　　以兩腳為軸，體向右轉 90 度，兩手握槍隨身勢向前斜托槍，目視槍鋒（圖 21）。

　　接上動作，以兩腳為軸，體向右轉 90 度，槍掄舞花（圖 22）。

圖 23

接上動作，左腳向前上一步，體右轉 45 度，抬右腳向右橫墊一步，使兩腿成右橫弓步。同時，槍掄半花，然後兩手托槍上架繞頭落肩上，目視左後方（圖 23）。

## 12. 呂布托戟

抬右腳向後左側落一步，體向右轉 180 度，使兩腿開步，槍仍背於肩，目視左側（圖 24）。

接上動作，以兩腳為軸，體向右轉 90 度，使兩腿成右弓步。同時，槍由後繞頭向前斜劈，目視槍鋒（圖 25）。

圖 24

圖 25

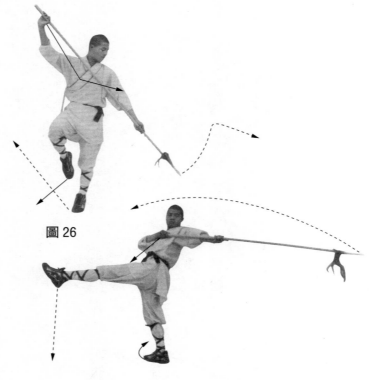

圖 26

圖 27

## 13. 回馬殺槍

以兩腳為軸,體向左轉 90 度,抬右腳提膝。
同時,兩手托槍向左撥槍,目視槍鋒(圖 26)。

接上動作,右腳向右落地,體向右轉 45 度,
抬左腳向前彈踢。同時,左把後滑,兩手握槍向
後仰身刺槍(圖 27)。

圖 28

圖 29

## 14. 迎門劈槍

左腳向前落一步，體向右轉 90 度，兩腿屈膝成馬步。同時，兩手握槍由後向前劈槍，槍鋒向左側前方，目視槍鋒（圖 28）。

## 15. 夜叉探海

以左腳為軸，體向左轉 90 度，抬左腳向前彈踢，兩手倒把，握槍頭向前撩把（圖 29）。

圖 30

圖 31

接上動作，右腳向後落一步，體向右轉 90
度，使兩腿成右弓步。同時，右手拉槍，左手滑
把，兩手托槍向右側斜刺（圖 30）。

接上動作，抬左腳移於右腳後外側一步，體
向左轉 180 度，使兩腿成左弓步。同時，兩手換
把，向左斜刺槍（圖 31）。

圖 32

圖 33

　　接上動作，右腳移於左腳後外側一步，體向右轉 270 度，使兩腿成右弓步。兩手換把，握槍向右側前方斜紮槍（圖 32）。

## 16. 織女穿梭

　　以兩腳為軸，體向左轉 45 度，抬右腿提膝。同時，左手向後滑把，兩手握槍向前刺槍根（圖 33）。

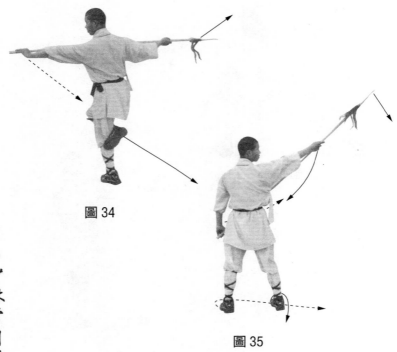

圖 34

圖 35

接上動作，右手向右側拉槍，使槍鋒向右
（圖 34）。

接上動作，右腳向右落地，左把下壓，使槍
鋒斜向上（圖 35）。

### 17. 金雞鎖喉

接上動作，以兩腳為軸，體向右轉 90 度，抬

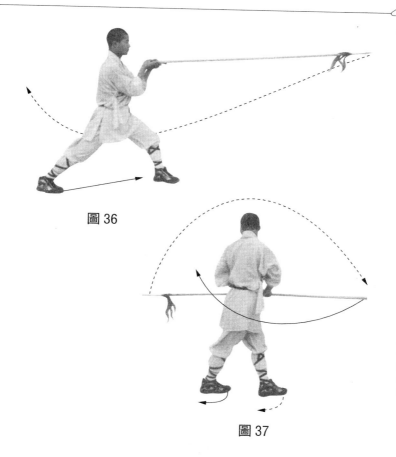

圖 36

圖 37

左腳向前上一步，使兩腿成左弓步。同時，右把後滑，兩手握槍向前直刺（圖 36）。

## 18. 舞花

右腳向前上半步，向左掄舞花（圖 37）。

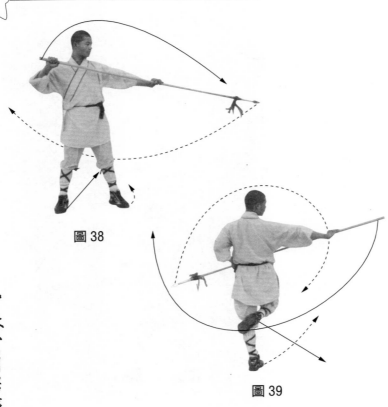

圖 38

圖 39

接上動作，往右掄舞花（圖 38）。

接上動作，體向左轉 90 度，抬右腳向後提跟，向左掄舞花（圖 39）。

## 19. 提靴納槍

右腳向右側落地，體向右轉 90 度，抬左腿向

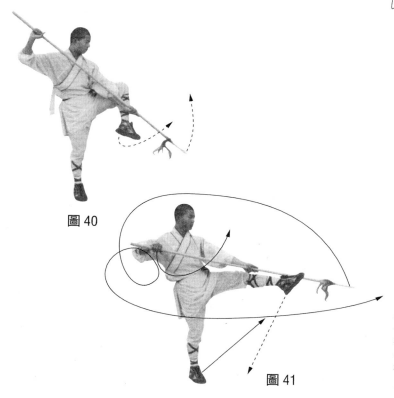

圖 40

圖 41

前提膝。同時，槍右掄舞花，然後倒把向前斜紮槍，目視槍鋒（圖 40）。

## 20. 彈槍踢球

左腳稍向下沉，然後猛力向前踢槍，目視槍鋒（圖 41）。

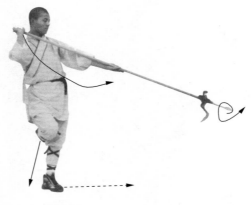

圖 42

### 21. 旋風槍

左腳向前落地，體左轉 90 度，抬右腿向後屈足。同時，左手向後滑把，兩手握槍，由前向後掄槍。然後右腳向前上一步，以左腳為軸，抬右腿提膝，體向左轉 360 度，槍隨身轉，向前斜刺，目視槍鋒（圖 42）。

### 22. 鎖喉槍

右腳向下落地，震腳（響亮），左腳向左上一步，體向左轉 45 度，使兩腿成左弓步。同時，左手後滑把，兩手托槍前刺絞再前刺，目視槍鋒（圖 43）。

圖 43

圖 44

## 23. 絞槍

左腳向後倒半步，兩手持槍由右向左絞（圖 44）。

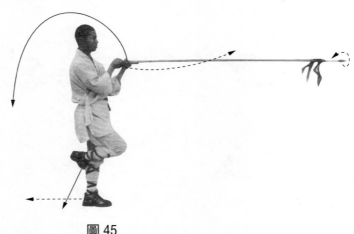

圖 45

接上動作，左腳再向後退半步，抬右腿提膝，兩手握槍由右向左絞槍（圖45）。

## 24. 枯樹盤根

右腳向後落地，體右轉90度，抬左腳落於右腳後外側一步，使兩腿成插步。同時，向左絞槍，左手向前移把，兩手向上架槍過頭背於背後，兩腿全蹲成歇步，目視左側槍鋒（圖46）。

## 25. 織女穿梭

起身，左腳向左跨一步。同時，右手送槍向左，左手伸臂托槍（圖47）。

圖 46

圖 47

二、少林梅花槍

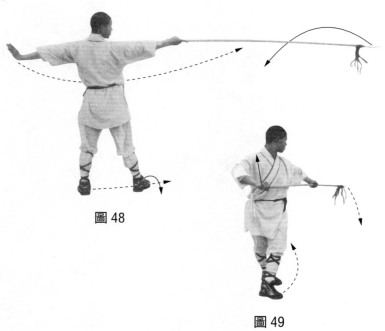

圖 48

圖 49

接上動作，體向左轉 90 度，抬右腳向前上一步，體繼而左轉 90 度，左手脫把，右手握槍向右側穿槍，目視右側（圖 48）。

## 26. 攔腰槍

以兩腳為軸，體向右轉 90 度，抬左腳移於右腳後外側，使兩腿成插步。同時，兩手托槍向後攔（圖 49）。

圖 50

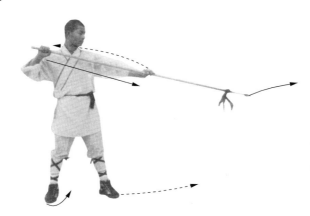

圖 51

　　接上動作，抬左腿提膝，兩手托槍向左前方攔槍（圖50）。

　　接上動作，左腳下落於右腳左側一步，同時，兩手托槍由右向左攔（圖51）。

圖 52

## 27. 鎖喉槍

左腳向左跨半步，體向左轉 90 度，使兩腿成左弓步。同時，左手向後滑把，兩手托槍向前直刺（圖 52）。

圖 53

## 28. 燕子掠水

　　左腳後退半步，體向右轉 90 度，抬右腳向右移半步，使兩腿成右仆步。同時，右手向右下方拉把，左手向上滑把，使槍根附於右腳前，目視槍根（圖 53）。

圖 54

### 29. 丹鳳朝陽

起身，兩手托槍由左向右上方撩槍，然後收左腳與右腳成併步。同時，槍向右豎直沉把，使槍鋒向上，左手向左伸臂擺掌，目視左手（圖54）。

### 收 勢

兩腳不動，收左手向內，垂臂，掌附大腿外側，掌心向裡，目視前方。

# 三、少林梅花刀

## 歌訣：

少林梅花刀，勢勢妙奇巧。

雲頂藏花陰，驟施穿心刀。

懷抱琵琶勢，鷂翻燕水抄。

翻雲覆雨現梅花，萬急掏出武松刀。

## 動作名稱及順序

|  |  |  |
|---|---|---|
| 預備勢 | 1. 白雲蓋頂 | 2. 腋下藏花 |
| 3. 回頭望月 | 4. 腋下藏花 | 5. 白鶴亮翅 |
| 6. 雲頂 | 7. 懷抱琵琶 | 8. 左右舞花 |
| 9. 燕子鑽雲 | 10. 左右雲頂 | 11. 武松藏刀 |
| 12. 穿心刀 | 13. 鷂子翻身 | 14. 穿心刀 |
| 15. 雲頂 | 16. 懷抱琵琶 | 17. 磨盤刀 |
| 18. 雲頂 | 19. 武松藏刀 | 20. 分心刺 |
| 21. 翻雲覆雨 | 22. 左右穿心 | 23. 雲頂 |
| 24. 懷抱琵琶 | 25. 雲頂 | 26. 平心刺 |
| 27. 單扇風 | 28. 旋風腳 | 29. 鷂子翻身 |
| 30. 平心刺 | 31. 雲頂 | 32. 武松藏刀 |

圖1　　　　　　　　圖2

33. 平心刺　　　34. 大滾身　　　35. 金雞獨立

36. 燕子掠水　　　37. 拋刀接刀　　　38. 坐山勢

收勢

## 預備勢

　　兩腳併立，身胸挺直，左手抱刀，使刀背貼臂，刀刃向前，刀尖向上，右掌附於右大腿外側，目視前方（圖1）。

　　接上動作，右手由下向上、向內畫弧，然後變拳，抱於腰間，目視左側（圖2）。

圖3　　　　　　　　圖4

## 1. 白雲蓋頂

抬右腳向前上半步，再抬左腳向前上一步，兩腿微屈，使兩腿成左虛步。同時，左手握刀向內畫弧，然後落回原處，再抬右拳變掌，由下向上、由內向外畫弧，上架頭上前方，目視左側（圖3）。

## 2. 腋下藏花

抬左腳向左跨半步，體向左轉90度，兩腿半蹲，抬右腳向前震腳，與左腳成併步。同時，刀隨體轉向內屈肘抬把，右掌由上向下、向左屈肘，插掌，落於左腋下，掌心向上，目視前方（圖4）。

圖5

圖6

### 3. 回頭望月

抬右腳震腳（響亮），落回原處。同時，右手由下向外撩打，然後向內屈肘插手，落於左肘之上（圖5）。

接上動作，右腳後退一步，體向右轉90度，使兩腿成右弓步。同時，右掌隨身向右上方畫弧架掌，左手持刀伸臂，左腳展，目視左後方（圖6）。

圖7

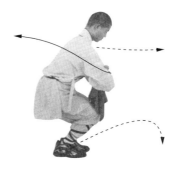

圖8

## 4. 腋下藏花

　　體向左轉 90 度，抬右腳向前上一步，震腳（響亮），與左腳成併步，兩腿半蹲。同時，左刀隨身向右屈肘抱刀，右臂向左屈肘，右掌藏於左腋下，目視前方（圖7）。

　　接上動作，抬右腳再震右腳，與左腳成併步。同時，右手向外撩打，然後向內屈肘插手，掌落在肘上，目視右手（圖8）。

圖 9

圖 10

## 5. 白鶴亮翅

抬左腿向前提膝，同時右手與左抱刀手同時兩側展臂，高與肩平，目視前方（圖9）。

## 6. 雲頂

左腳下落於右腳前一步，右手與左抱刀把在頭上會合，右手接刀（圖10）。

圖 11

圖 12

　　接上動作，右手刀由頭上向後雲旋，然後由後向前、向左撩打，落於左腋下，左掌架於頭上左側（圖11）。

　　接上動作，左腳向前上半步，體右轉180度。同時，右刀隨身雲旋於頭上，左手向上與右手刀把相附，然後抬右腳後倒半步（圖12）。

圖 13

圖 14

## 7. 懷抱琵琶

右腳向右跨半步，體向右轉 90 度，使兩腿成右弓步。同時，雙手抱刀，由後向前捌肘架刀，刀尖斜向下，目視左後側（圖 13）。

## 8. 左右舞花

體向左轉 90 度，左手扶貼右手腕後，協力由右上方向左上方撩刀（圖 14）。

圖 15

圖 16

接上動作，右腳向前上一步，右手刀由左上
方向右下方撩刀（圖 15）。

按上法，上左腳向右撩刀，然後上右腳向左
撩打，先後交替掄刀花。

## 9. 燕子鑽雲

抬兩腳向前、向上跳躍，同時右手刀向前、
向上彈刺，當全身騰空時，右腳向上彈踢刀體，
目視刀尖（圖 16）。

圖 17

圖 18

## 10. 左右雲頂

　　右腳下落於左腳前一步，右手持刀由右向左繞頭旋一周（圖 17）。

　　接上動作，左腳向前上一步，同時右手持刀由右向左後方撩刀，高與肩平，左手上架於上左側（圖 18）。

圖 19

圖 20

## 11. 武松藏刀

以兩腳為軸，體向右轉 180 度，使兩腿成拖步。同時，右手持刀隨身由右向左繞頭旋一周，左手向內屈肘亮掌，停於右腋外，目視前方（圖19）。

接上動作，抬左腳向前上一步，兩腿微蹲成左虛步，同時，右手持刀由上向右下方撩刀，刀刃向後下，刀尖停於右膝後，左手向前屈肘推出，掌心向前，目視左手（圖20）。

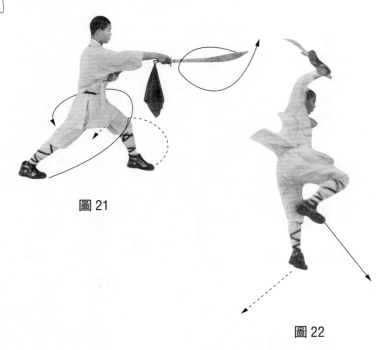

圖21

圖22

## 12. 穿心刀

左腳向前上半步，使兩腿成左弓步。同時，右手持刀向前平刺，刀刃向下，左手向內屈肘護於右腕內，目視刀尖（圖21）。

## 13. 鷂子翻身

抬右腳向前上一步，速抬左腳，再抬右腳向左轉身（360度）跳步，使全身騰空（圖22）。

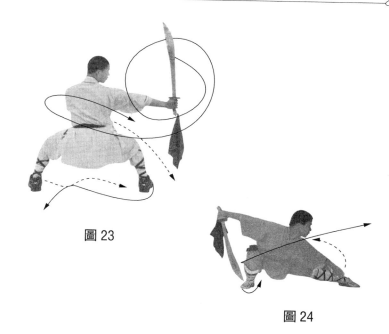

圖 23

圖 24

接上動作，兩腳落地後右腳向前上步，體向左轉 90 度，兩腿屈膝成馬步。同時，右手持刀向右側橫劈，然後豎刀，目視右側（圖 23）。

## 14. 穿心刀

抬兩腳向右轉身 180 度跳步，左腳落於左側，仆地伸直，使兩腿成左仆步。同時，右手持刀向右返左掄兩個舞花，然後向後展臂藏刀，左手向左側下方掠手，目視左手（圖 24）。

圖 25

圖 26

少林常用器械

接上動作，起身，體向左轉 90 度，使兩腿成左弓步。同時，右手持刀向前平刺，刀刃向下，左手屈肘，護於右腕，目視刀尖（圖 25）。

## 15. 雲頂

右腳向前上一步，使兩腿成拖步，同時右手持刀由右向左繞頭返前旋雲（圖 26）。

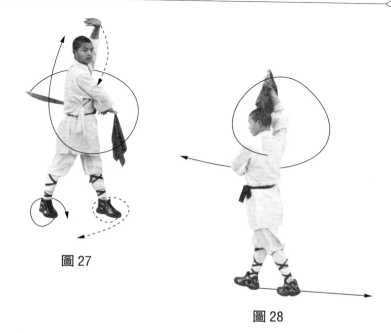

圖 27

圖 28

接上動作，左腳向前上半步，右手持刀由頭
上向右、向左腰後摟刀（圖 27），由左向右、向
上繞頭雲旋，左手屈肘護於右腋下，目視前方
（圖 28）。

### 16. 懷抱琵琶

右腳向右跨一步，使兩腿成右橫弓步。同
時，左手扶協右手刀把向右側搠肘、抱刀，目視
左側（圖 29）。

圖 29

圖 30

## 17. 磨盤刀

　　體左轉 90 度，右腳向前上一步，體再左轉 90
度，抬左腳移於右腳後外側，使兩腿成插步。同
時右手持刀向右側平刺，左手上架頭上前方，目
視右刀（圖 30）。

圖 31

圖 32

接上動作，以兩腳為軸，體向左轉 360 度，使兩腿仍成插步，同時，右手持平，刀隨身向左磨一周，刀刃向前，刀尖向右，目視刀尖（圖 31）。

## 18. 雲 頂

兩腳不動，體右轉 90 度，使兩腿成拖步。同時，右手持刀由右向左繞頭雲旋，左手屈肘護於右腋下（圖 32）。

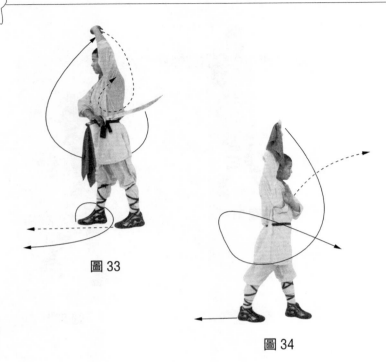

圖 33

圖 34

接上動作，右腳向前上一步。同時，右手刀
由向下、向左腰後方撩刀，左掌上架頭上前方
（圖33）。

### 19. 武松藏刀

左腳向前上一步，體右轉180度，右腳向後
倒一步。同時，右手持刀隨身由右向左腰平撩
刀，左手屈肘護於右腋下，目視前方（圖34）。

圖 35

圖 36

接上動作，右腳向後拉半步，兩腿微蹲成左虛步。同時，右手持刀由前向後甩臂抖刀，使刀尖平膝，左手向前推出，目視左手（圖 35）。

## 20. 分心刺

右腳向前上一步，使兩腿成右弓步。同時，右手持刀由後向前直刺，左手向後展臂擺掌，目視刀尖（圖 36）。

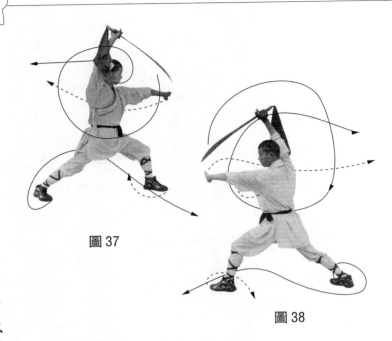

圖 37

圖 38

## 21. 翻雲覆雨

　　左腳向前上一步，使兩腿成左弓步。同時，右手持刀由前向下、向後、向上畫弧舉臂架刀，高於頭，刀尖斜向下，左掌向前推出，掌心朝前，掌指向右，目視左手（圖37）。

　　接上動作，以兩腳為軸，體向右轉180度，右腳後倒一步，使兩腿成左弓步。同時，右刀隨身由前向下、向後再向上舉臂架刀，高於頭，刀尖斜向下，左手向前推出，掌指向右（圖38）。

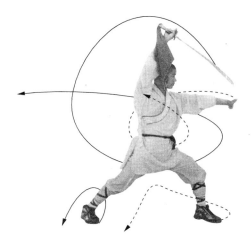

圖 39

接上動作，體右轉180度，右腳後倒一步，使兩腿成左弓步。同時，右手持刀，由上向後、向下再返前向上舉臂架刀，高於頭，刀尖斜向下，左手向前推出，掌指向右，目視左手（圖39）。

## 22. 左右穿心

抬兩腳向左轉身（180度）跳步，右腳落左腳前。同時，右刀隨身向前平刺，左手向內屈肘，護於右腋前，目視刀尖（圖40）。

圖 40

圖 41

　　接上動作，體向左轉 90 度。同時，右刀向前平刺，左手屈肘，護於右腋下，目視刀尖（圖41）。

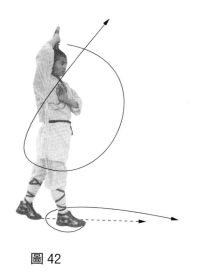

圖 42

圖 43

## 23. 雲 頂

　　右腳向前上一步，同時，右手刀由前向下、向後返上繞頭雲旋，左手屈肘護於右腋下，掌指向右（圖 42）。

　　接上動作，左腳前上一步，體向右轉 180 度，右腿後退一步。同時，右手刀隨身由左後向上、向前繞頭雲旋，左手屈肘護於右腋前，目視前方（圖 43）。

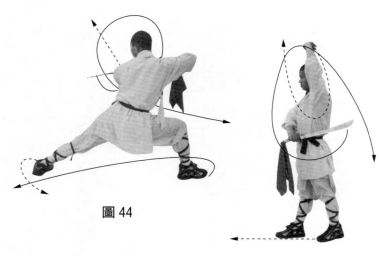

圖44

圖45

## 24. 懷抱琵琶

以兩腳為軸，體向右轉90度，右腳向右跨半步，使兩腿成右橫弓步。同時，右手刀由右向下再向右撩刀，然後左手扶右把，向右側挪肘架刀，高與肩平，刀尖向左，目視左側（圖44）。

## 25. 雲頂

以兩腳為軸，體向左轉90度，抬右腳向前上一步，右手持刀隨身向頭上雲刀，然後由上向下、向左雲刀，刀與腰平，刀尖向後，左手舉臂亮掌（圖45）。

圖 46

圖 47

　　接上動作，左腳向前上一步，右手持刀由後
向前、向右、向上返後往前在頭上雲旋一周，然
後右手垂臂沉刀，左手舉臂亮掌（圖46）。

## 26. 平心刺

　　右腳向前上一步，使兩腿成右弓步。同時，
右手持刀由後向前平刺，左手向後展臂擺掌、目
視刀尖（圖47）。

圖 48

圖 49

## 27. 單扇風

右腳向後收半步，右手持刀由前向後再由後
向前反覆挽花五次，左手向內屈肘，掌立右腋前
（圖 48）。

## 28. 旋風腳

接上動作，右刀挽花後，刀背在右臂後（圖
49）。

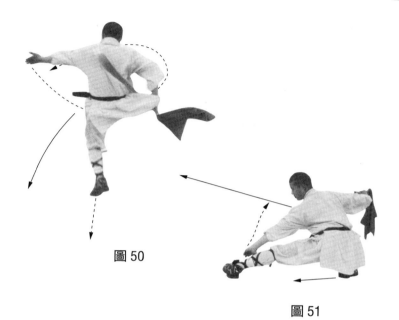

圖 50

圖 51

接上動作，抬兩腳向左轉身（180度）跳步，當全身騰空時，出左掌拍擊右腳面（響亮），目視左手（圖50）。

## 29. 鷂子翻身

兩腳落地後，再速抬右腳向左轉身（90度）跳步，使兩腿成左仆步。同時，右刀由後往前舞花，然後向右扛肘抽刀，左掌向左掠手，目視左手（圖51）。

圖 52

圖 53

### 30. 平心刺

　　起身，右腳隨身向前上半步，使兩腿成拖步。同時，右手刀向前平刺，左手向內屈肘護於右腋前，目視刀尖（圖52）。

### 31. 雲頂

　　兩腳向前稍滑寸步，同時右手刀由右向左繞頭雲旋（圖53）。

圖 54

圖 55

　　右手刀由上向左下方攔腰摟刀，左手舉臂架掌於頭上前方（圖 54）。

　　接上動作，以兩腳為軸，體向右轉 180 度，使兩腿成拖步。同時，右手刀隨身由左向右後方再向左裹腦雲旋（圖 55）。

## 32. 武松藏刀

　　左腳向前上一步，兩腿微蹲成左虛步。同時，右手持刀由上向前再往下後方拉刀，刀尖與

圖 56

圖 57

右膝相平，左手向前推出，目視左手（圖 56）。

## 33. 平心刺

抬左腳向前半步，使兩腿成左弓步。同時，右手刀向前直刺，刀尖向前，刀刃向下，左手向後甩臂撩掌，目視刀尖（圖 57）。

圖 58

圖 59

## 34. 大滾身

右腳向前上一步，抬兩腳向左翻身 360 度跳步，刀隨身撩，左手向左甩臂擺掌（圖 58）。

接上動作，兩腳落地後，兩腿屈膝半蹲，使兩腿成馬步。同時，右手持刀隨身向右側劈刀，左手屈肘護於右腕部，目視右刀（圖 59）。

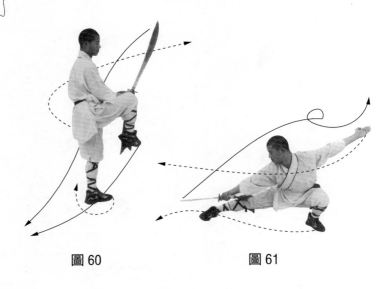

圖 60　　　　　　　　圖 61

### 35. 金雞獨立

體向右轉 90 度，抬右腿向前提膝，同時隨身勢由下向上揚刀，使刀把與膝下方相平，刀尖向上，左手屈肘護右腕，目視前方（圖 60）。

### 36. 燕子掠水

右腳向後落一步，體右轉 90 度，使兩腿成右仆步。同時，右手刀挽半舞花由上向右下方插刀，使刀貼近右腿，刀尖向右，左手向左展臂亮掌，目視右刀（圖 61）。

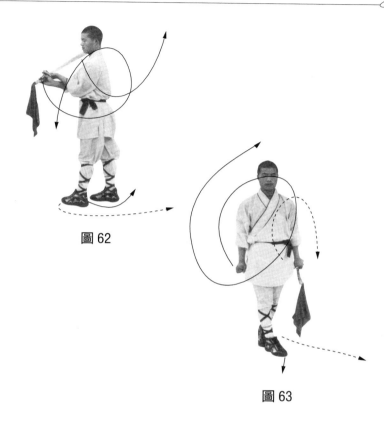

圖 62

圖 63

## 37. 拋刀接刀

起身，收左腳移於右腳外側，同時右手接刀向左上方拋刀，左手接刀，然後抬右腳向左跳步震腳（響亮），落於左腳左側，使兩腿成插步（圖 62、圖 63）。

圖 64                                          圖 65

### 38. 坐山勢

抬右腳向左跳步，震腳（響亮），左腳向左
跨一步，兩腿半蹲成馬步。同時，右掌變拳，由
右向左、向上畫弧，然後再由左向右、向上畫
弧，上架頭上前方，刀把豎於左膝上方，刀尖向
上，目視左側（圖 64）。

### 收勢

收右腳與左腳成併步，右拳由上向下、左刀
由下向上再往下畫弧，然後兩臂下垂，左手抱
刀，右掌附腿，目視前方。（圖 65）。

# 四、少林雙刀

**歌訣：**

雙刀招勢奇，起勢蝴蝶飛。

金雞獨立取上下，普施陰刀腋藏花。

老虎出洞排山倒，雲刀如雨八面灑。

進退巧施雙蝴蝶，紫燕展翅兩邊殺。

老虎靠山抖威風，白蛇吐信如箭發。

## 動作名稱及順序

| | | |
|---|---|---|
| 預備勢 | 1. 蝴蝶雙飛 | 2. 金雞獨立 |
| 3. 分心刺 | 4. 二郎擔山 | 5. 腋下藏花 |
| 6. 老虎出洞 | 7. 雙手扇扇 | 8. 左右雲頂 |
| 9. 打虎式 | 10. 交替掄花 | 11. 左右雲頂 |
| 12. 打虎式 | 13. 金雞獨立 | 14. 落地生根 |
| 15. 燕展翅 | 16. 雲頂 | 17. 打虎式 |
| 18. 蝴蝶扇風 | 19. 雲頂 | 20. 打虎式 |
| 21. 旋風腳 | 22. 撩陰刀 | 23. 滾身劈刀 |
| 24. 白蛇吐信 | 25. 腋下藏花 | 26. 金雞獨立 |
| 27. 坐山勢 | 收勢 | |

圖 1

圖 2

### 預備勢

兩腳併立，身胸挺直，兩手抱刀於臂前，刀鋒向上，目視前方（圖1）。

### 1. 蝴蝶雙飛

兩手持刀同時向外挽花，然後向兩側前方抖臂刺刀，目視前方（圖2）。

圖 3

圖 4

　　接上動作，抬右腳向前稍上步，然後左腳向前上半步，兩腿微蹲成左虛步，同時兩刀向前、向外、往後再返前掄刀花（圖3）。

## 2. 金雞獨立

　　以右腳為軸，體向左轉90度，抬左腳向前提膝。同時，右刀向前撩，然後抽刀屈肘架於胸前，左刀向前展臂栽刀，目視前方（圖4）。

## 3. 分心刺

　　左腳向前落一步。抬右腳向前上一步，體向

圖 5

圖 6

左轉 90 度，使兩腿成馬步。同時，右刀向右平
刺，左刀屈肘向後掩刀，目視右刀尖（圖 5）。

### 4. 二郎擔山

以兩腳為軸，體向左轉 90 度，使兩腿成左弓
步。同時，左刀由後向前直刺，目視左刀尖（圖
6）。

圖 7

圖 8

## 5. 腋下藏花

抬右腳向前上步，體向左轉 90 度，使兩腿成馬步。同時，右刀隨身向右側後方斜砍，左刀隨身向右掩於右腋下後，目視右刀尖（圖 7）。

## 6. 老虎出洞

以兩腳為軸，體向右轉 45 度，使兩腿成右弓步。同時抽右刀，再向右側撩刀，左刀舉臂架於頭上前方（圖 8）。

圖 9

圖 10

## 7. 雙手扇扇

　　抬左腳移於右腳後外側，體向左轉 180 度，
同時兩手刀隨身勢挽花（圖 9）。

　　接上動作，右腳向前半步，同時兩手刀繼續
向兩側挽花（圖 10）。

圖 11

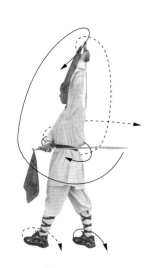

圖 12

接上動作，左腳向前上半步，兩手刀繼續向兩側挽花（圖 11）。

## 8. 左右雲項

左腳向前上半步，再抬右腳移於左腳後外側，體向右轉 180 度，左刀隨身向上雲於頭上，右刀向左屈肘掩刀，刀尖向後（圖 12）。

圖 13

圖 14

接上動作，體向右轉 90 度。同時，右刀由下向上雲於頭上，左刀由上向下、向右掩刀，刀尖向下（圖 13）。

## 9. 打虎式

右腳向右跨半步，使兩腿成右橫弓步。同時，右刀向右側舉臂拉刀，刀尖向左，左掩刀不變，目視前方（圖 14）。

圖 15

圖 16

## 10.交替掄花

以兩腳為軸，體向左轉 90 度，兩刀先由右向左再由左向右挽花（圖 15）。

接上動作，右腳向前上一步，兩刀由左向右再由右向左反覆挽花（圖 16）。

圖 17

圖 18

## 11. 左右雲頂

　　左腳向前上一步，體右轉 90 度，左刀由下向右、向上雲於頭上，右刀向左屈肘掩刀，目視前方（圖 17）。

　　接上動作，右腳移於左腳後外側，體向右轉 90 度，同時，右刀由下隨身向上雲刀，高過於頭，刀尖向下，左刀向右掩刀（圖 18）。

圖 19

圖 20

## 12. 打虎式

以兩腳為軸，體向右轉 90 度，使兩腿成右弓步。同時，右刀隨身向右側上方舉臂架刀，左刀向右屈肘掩刀，目視左側（圖 19）。

## 13. 金雞獨立

以兩腳為軸，體向左轉 90 度，抬左腿向前提膝。同時，左刀先向左側前方劈，然後隨提膝而向上屈肘撩刀，右刀隨身而舉臂背刀，刀刃向後，目視前方（圖 20）。

圖 21                    圖 22

## 14. 落地生根

左腳向下落地，震右腳（響亮）。同時，兩手握刀向前上方劈刀，然後再向下劈，兩腿半蹲，目視雙刀（圖21）。

## 15. 燕展翅

抬右腳向前彈踢，同時右刀由下向上、向右側猛刺，左刀由下向上、向左後方展臂栽刀，刀尖向上，目視右手刀（圖22）。

圖23　　　　　　　圖24

## 16.雲 頂

　　右腳向後落一步，體向右轉 90 度，使兩腿成
開步。同時，左刀隨身向頭上雲刀，右刀由前隨
身向左屈肘亮刀，目視右側（圖 23）。

## 17. 打虎式

　　右腳移於左腳後外側，體向右轉 270 度，使
兩腿成右弓步，右手刀從下向上、由後往前雲
頭，刀尖橫向左，左手向左屈肘掩刀，目視前方
（圖 24）。

圖 25

圖 26

## 18. 蝴蝶扇風

　　以兩腳為軸，體向左轉 180 度，右腳向前上
一步。同時，兩手向前往後再返前往後交叉掄花
（圖 25）。

　　接上動作，左腳向前上半步，兩手刀向前交
叉挽花（圖 26）。

圖 27

圖 28

　　接上動作，左腳向前上半步，兩手依然向前、向兩側交叉挽花（圖 27）。

## 19. 雲 頂

　　以兩腳為軸，體向右轉 180 度，右腳向後倒一步。同時，右刀隨身向頭上雲一圈，左手刀向右屈肘掩刀（圖 28）。

圖 29

圖 30

## 20. 打虎式

右腳後退一步，體向右轉 180 度，使兩腿成右弓步。同時，右手刀由上向右舉臂拉刀，刀尖向左，左手向右屈肘掩刀，目視前方（圖 29）。

## 21. 旋風腳

以兩腳為軸，體向左轉 180 度，兩腿成左弓步。同時，左手向左撩刀，右手隨身壓刀，目視前方（圖 30）。

圖 31

圖 32

　　接上動作，右腳向前上一步，右刀向前抹刀，左刀向右掩刀於右腋下（圖 31）。

　　接上動作，先抬左腳，後抬右腳，向左轉身（360 度）跳旋，當全身騰空時，右腋夾住左刀，左手向上、向右拍擊右腳內棱（響亮）（圖32）。

圖 33

圖 34

## 22. 撩陰刀

　　兩腳落地後右腳在前，左腳在後。同時，左手向右接刀，與右刀同時由下向前、向上撩刀（圖33）。

　　接上動作，左腳移於右腳後外側，使兩腿成插步。同時，兩手刀由右向上、向左返右下方撩刀，兩腿半蹲，目視兩刀（圖34）。

圖 35

圖 36

## 23. 滾身劈刀

以兩腳為軸，體向左轉 180 度，同時兩刀隨身勢向前上雲刀（圖 35）。

接上動作，體向左轉 90 度，震兩腳（響亮）全蹲，同時兩刀由上向下劈，目視兩刀（圖 36）。

圖 37

圖 38

## 24. 白蛇吐信

　　體向左轉 90 度，抬左腿提膝。同時，右刀屈肘向右側前猛刺，左刀舉臂上架，目視右刀（圖37）。

## 25. 腋下藏花

　　左腳向左下落一步，體向左轉 90 度，使兩腿

圖 39

圖 40

成左弓步。同時，左刀向前劈，右刀藏於身後，
目視左刀（圖 38）。

　接上動作，右腳向前上一步，體向左轉 90
度，使兩腿成馬步。同時，右刀在頭上雲旋一
圈，然後向右側下方砍，左手向右掩刀（圖
39）。

## 26. 金雞獨立

　右刀向頭上雲施一圈，體向左轉 180 度，抬
右腳向前上一步震腳，抬左腿提膝，同時，右刀
向右側下方劈刀，左手屈肘抱刀（圖 40）。

圖 41

## 27. 坐山勢

左腳向左落地，兩腿屈膝半蹲成馬步。同時，右刀由下向上舉臂架刀，左刀向內屈肘抱刀，目視左側（圖41）。

### 收 勢

收右腳與左腳成併步，同時，右刀由上向下、左刀由右向左畫弧，然後垂臂沉刀，身胸挺直，目視前方。

# 五、少林達摩劍

## 歌訣：

達摩劍法驗，少林祖師傳。

劈挑刺撩抹，絞穿斬挎點。

掃撂隙挽花，掃雲速架劍。

水潑針不入，回馬制人殘。

多施仙指路，巧用燕鑽帘。

取下樹盤根，鳳凰把頭點。

驟見鷂翻身，火神分金現。

二馬分鬃勢，夜叉探海泉。

四十二妙技，源出少室山。

### 動作名稱及順序

| | | |
|---|---|---|
| 預備勢 | 1. 童子拜佛 | 2. 懷中抱月 |
| 3. 回頭望月 | 4. 燕子鑽帘 | 5. 二龍戲珠 |
| 6. 枯樹盤根 | 7. 鷂子翻身 | 8. 橫江飛渡 |
| 9. 二郎擔山 | 10. 絞腸沙 | 11. 鳳凰點頭 |
| 12. 二馬分鬃 | 13. 夜叉探海 | 14. 仙人指路 |
| 15. 定陽針 | 16. 鷂子鑽林 | 17. 火神分金 |
| 18. 枯樹盤根 | 19. 火神分金 | 20. 金雞獨立 |

## 預備勢

　　兩腳併立，身胸挺直，兩臂下垂，左手握劍，劍體背於左臂後，劍尖朝上。同時，右手抱

圖1　　　　　　　　　　　圖2

| | |
|---|---|
| 圖3 | 圖4 |

拳，放於腰間，頭向左擺（圖1、圖2）。

## 1. 童子拜佛

抬右腳移於左腳前外側，使兩腿成插步。同時，左手握劍向後抬臂藏劍，劍尖向左，右拳變掌，由下向上再向下畫弧，然後向內屈肘亮掌，掌指向上，兩腿全蹲成歇步，目視前方（圖3）。

## 2. 懷中抱月

起身，抬右腿提膝，同時，左劍由後向前屈肘停劍，右劍指由內向外再向內屈肘扶於左劍把上（圖4）。

圖 5

圖 6

　　接上動作，左腳不動，右提膝不變，右劍指停於左劍把之下（圖5）。

### 3. 回頭望月

　　右腳向右落一步，體向右轉90度，右腿屈膝，使兩腿成右弓步，左劍隨身向後展臂豎劍，右劍指向前舉臂亮指，目視左側後（圖6）。

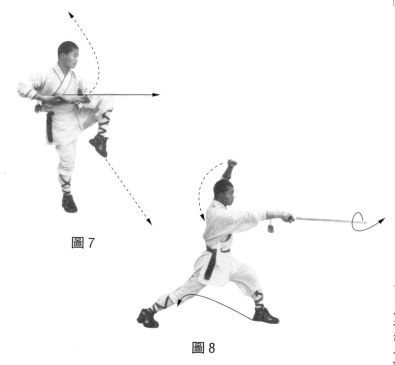

圖 7

圖 8

## 4. 燕子鑽帘

以兩腳為軸，體向左轉 90 度，收左腳提膝。
同時，左劍隨身勢後抽，劍體附左膝之上，劍尖
向前，右手向內屈肘扶握劍把（圖 7）。

接上動作，左腳向前落地，使兩腿成左弓
步。同時，右手握劍向前直刺，左手舉臂架掌，
目視劍尖（圖 8）。

圖9

圖10

## 5. 二龍戲珠

抬右腳向後屈足，右手劍由內向外挽花，然
後向前上方直刺出，左劍指向後屈肘，指貼於
背，目視劍尖（圖9）。

接上動作，右腳下落左腳稍後右側，震腳，
抬左腳向前上一步，使兩腿成左弓步。同時，右
劍向前直刺，左劍指向內屈肘，停於右肩前，目
視劍尖（圖10）。

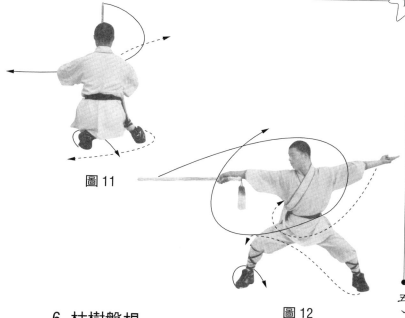

圖 11

圖 12

## 6. 枯樹盤根

以兩腳為軸，體向左轉 90 度，使兩腿插步，兩腿全蹲成歇步。同時，右劍由右向後往上繞頭雲旋，然後左劍指扶協右劍下沉，劍豎腹左側，目視前方（圖 11）。

## 7. 鷂子翻身

以兩腳為軸，體向右轉 180 度，使兩腿成馬步，同時，右劍隨身勢向右側橫劈，劍尖向右，左劍指向左側展臂亮指，目視右劍（圖 12）。

圖 13　　　　　　　　　圖 14

## 8. 橫江飛渡

　　以右腳為軸，體向右轉 90 度，抬左腿向前提膝。同時，右劍翻腕由右向左旋劍，然後由下向上舉臂架劍，劍尖向左前方，左劍指向內屈肘，停於右腋前，目視左側（圖 13）。

　　接上動作，左腳下落左側一步，體向左轉 90度，使兩腿成左弓步。同時，右劍由上向前下方斜劈，左劍指舉臂上架頭上前方，目視劍尖（圖14）。

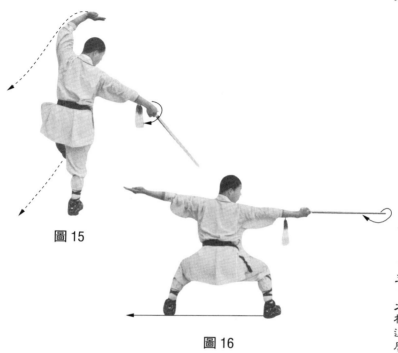

圖 15

圖 16

## 9. 二郎擔山

以兩腳為軸,體向右轉90度,抬左腿提膝。
同時,右劍隨身由上向右側下方點刺(圖15)。

接上動作,左腳下落左側一步,使兩腿成馬
步。同時,右劍翻腕抖劍,劍尖向右,左劍指向
左展臂亮指,目視劍尖(圖16)。

圖 17

圖 18

## 10.絞腸沙

　　右腳後退一步，移於左腳後外側，使兩腿成
插步。同時，右劍向內翻腕絞劍，左劍指不變，
目視劍尖（圖17）。

　　接上動作，左腳向右後方退一步，使兩腿成
右弓步，同時右劍向內翻腕絞劍（圖18）。

圖 19

圖 20

　　接上動作，右腳向後退一步，使兩腿成插步，同時右劍內翻腕絞劍（圖 19）。

　　接上動作，左腳向後退一步，落右腳後，使兩腿成右弓步。同時，右劍內翻腕絞劍，目視劍尖（圖 20）。

圖 21

圖 22

## 11. 鳳凰點頭

兩腳不動，右弓步不變，右手持劍向下點劍，左劍指向內屈肘，護於右腋前，目視劍尖（圖 21）。

## 12. 二馬分鬃

以兩腳為軸，體向左轉 180 度，使兩腿成左弓步。同時，左劍指向前屈肘抖爪，右劍向後抖臂豎劍，目視左劍指（圖 22）。

圖 23

圖 24

## 13. 夜叉探海

　　右腳向後移於左腳後外側，使兩腿成插步。
同時，右劍由右向下往左穿劍，左劍指向內屈肘
扶於右劍把，目視左側（圖 23）。

　　接上動作，以兩腳為軸，體向右轉 180 度，
抬左腿提膝。同時，右劍隨身由上向右側前下方
刺劍，左劍指向上舉臂架掌，目視右劍尖（圖
24）。

圖 25

圖 26

## 14. 仙人指路

左腳向左落一步，體向左轉 90 度。同時，右劍由後向前穿劍，劍鋒向上，左劍指扶於右劍腕，目視前方（圖 25）。

接上動作，右劍向內外挽花，然後抬兩腳向前跳一步，左腳落右腳前，使兩腿成左弓步。同時，右劍向前直刺，左劍指扶於右腕，目視劍尖（圖 26）。

圖 27

圖 28

## 15. 定陽針

右腳不動，抬左腿提膝。同時，右劍由前向後抽，屈肘亮劍，斜豎於胸前，劍尖斜向下，左劍指向左撩出，目視劍指（圖27）。

## 16. 鷂子鑽林

左腳向前落一步，抬右腳向前上一步，體向左轉90度，抬左腿提膝。同時，右劍向右側劈劍，左劍指舉臂上架頭上左側，目視劍尖（圖28）。

圖 29

圖 30

　　接上動作，左腳向後右側落一步，體向左轉
90度，使兩腿成右弓步。同時，右劍隨身由上向
前下方斜劈，左劍指向上舉臂，架於頭上前方，
目視劍尖（圖29）。

### 17. 火神分金

　　以兩腳為軸，體向左轉180度，右腳向前上
半步，使兩腿成拖步。同時，右劍抖臂下沉，劍
尖向後、向下，背於身後，左劍指屈肘亮於胸
前，目視前方（圖30）。

圖 31

圖 32

接上動作，兩腿微蹲成左虛步。同時，右劍由後向前挽花，然後抖肘上挑，左劍指附於右劍把上，目視前方（圖 31）。

## 18. 枯樹盤根

右腳向前上步，落於左腳前，體向右轉 90度，使兩腿成插步，然後兩腿全蹲成歇步。同時，右劍隨身向右側橫刺，左劍指向左側展臂擺出，目視右劍（圖 32）。

圖 33　　　　　　圖 34

### 19. 火神分金

起身，抬左腳向左跨一步，體向左轉 90 度，
兩腿微蹲成左虛步。同時，右劍先在身前挽花，
然後翻把挑劍，左劍指護於右把，目視劍尖（圖
33）。

### 20. 金雞獨立

抬右腳向前上一步，體向右轉 90 度，使兩腿
成插步。同時，右劍向下挽花，然後由上向下劈
劍，再由下向上掄劈一周，架肘下沉，劍體倒立
胸前，左劍指上架於頭上前方（圖 34）。

圖 35

圖 36

　　右腳不動，體左轉 90 度，抬左腿向前提膝。
同時，右劍向上翻腕端劍，使劍尖斜向前，左劍
指附於劍把（圖 35）。

## 21. 仙人指路

　　接上動作，左腳向前落一步，使兩腿成左弓
步。同時，右劍向前直刺，左劍指附於右肩前，
目視劍尖（圖 36）。

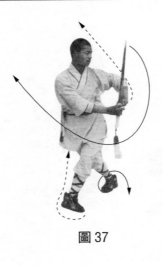

圖 37

圖 38

## 22. 獅子張口

抬右腳向前上一步，體向右轉 90 度，使兩腿成插步。同時，右劍抽把栽劍，劍尖向上，左劍指附於右劍把，目視左側（圖 37）。

兩腳為軸，右轉體 90 度，左腿屈膝提起，右劍隨轉身向上撩，劍尖向前上，左劍指架於頭上（圖 38）。

圖 39

圖 40

## 23. 仙人指路

　　左腳向下落於右腳前，再上右腳落左腳前，腳尖翹起，兩腿微蹲。同時，右劍向後抽把，再向前抖腕豎劍，左劍指附於右腕上（圖 39）。

　　接上動作，抬左腳向前上一步，使兩腿成左弓步。同時，右劍向內外挽花，然後向前直刺，左劍指向內屈肘附於右腋前（圖 40）。

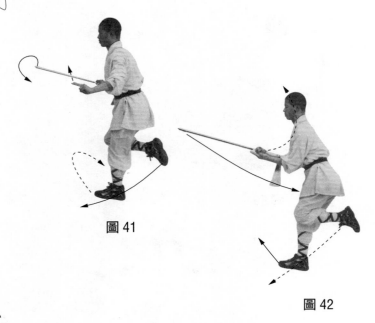

圖 41

圖 42

## 24. 野馬分鬃

　　左腳不動，抬右腿提膝，腳掌向後。同時，右劍與左劍指向兩側展臂分開，劍尖向前，目視劍尖（圖 41）。

## 25. 金雞獨立

　　右腳向前落一步，抬左腿提膝。同時，右劍與左劍指由外向內運行，兩手心向上（圖 42）。

圖 43

圖 44

接上動作，左腳向前落一步，抬右腿向前提膝。同時，右劍向後縮肘，劍端腰間，左劍指舉臂上架頭上前方（圖43）。

## 26. 紫燕鑽帘

右腳向前落一步，使兩腿成右弓步。同時，右劍向前直刺，劍尖向前，左劍指上架頭上前方，目視劍尖（圖44）。

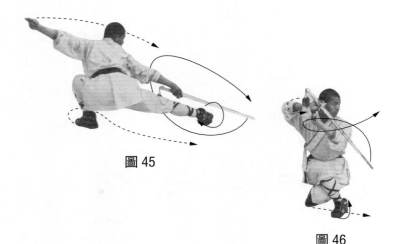

圖 45

圖 46

### 27. 餓虎撲食

右腳後退一步，體向右轉 90 度，右劍由上向右劈劍，然後由右向上、向下再由左向右穿劍。同時，使兩腿變成右仆走，左劍指向左甩臂亮指，目視劍鋒（圖 45）。

### 28. 枯樹盤根

以兩腳為軸，體向右轉 180 度，兩腿全蹲成歇步。同時，右劍隨身搦肘托劍於胸前，使劍尖向下，左劍指屈肘護於右腋前，目視左側（圖46）。

圖 47

圖 48

## 29. 二馬分鬃

　　左腳向左跨一步，體左轉 90 度，抬右腳向前上一步，使兩腿成馬步。同時，右劍向內挽花，然後向右側刺劍，左劍指由下向上、向外掤肘亮指，掌心向前，目視右劍（圖 47）。

## 30. 浮土挹袖

　　以右腳為軸，體左轉 90 度，抬左腳向前彈踢。同時，右劍翻腕向前斜劈，左劍指向右屈肘亮指，扶於右肩前，目視右劍（圖 48）。

圖 49

圖 50

少林常用器械

## 31. 枯樹盤根

左腳下落右腳後，使兩腿成插步，兩腿全蹲成歇步。同時，右劍隨身架肘抽把抖劍，左劍指向左側展臂亮指，拇指一側向上，目視左側（圖49）。

## 32. 朝天一炷香

起身，右腳向右跨半步。同時，右劍由後向前挽花，然後翻腕撩劍，左劍指屈肘扶於右肩前，目視右劍（圖50）。

圖 51

圖 52

　　接上動作，抬左腿提膝，同時右劍抖沉，然後向上直臂戳劍向上，左劍指挪肘沉指，指附左大腿上，目視左側（圖51）。

## 33.絞腸沙

　　左腳下落右腳前，右劍向後沉平，使劍把朝前，左劍指屈肘放於左腰間，拇指一側向內，目視前方（圖52）。

圖 53

圖 54

接上動作，兩腳不動，右劍由後向前內外挽花，然後抬兩腳向前跳半步，使兩腳落成開步半蹲。同時，右劍由上向前下方斜刺，左劍指屈肘護於右肘上，目視劍尖（圖53）。

## 34. 二龍出海

抬右腳向右橫上半步，右劍抽劍翻把，再抬左腳向右移步，與右腳併步。同時，右劍向外挽花，然後捌肘背劍，劍體稍高於肩，劍尖向後，左劍指向內屈肘護於右肩前，兩腿微蹲（圖54）。

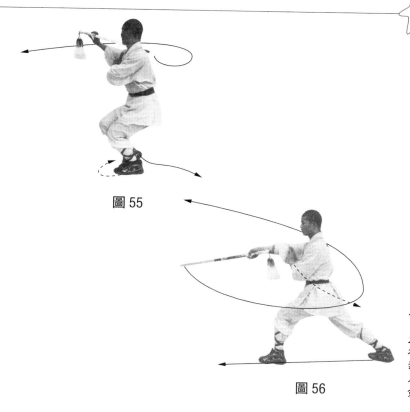

圖 55

圖 56

　　接上動作，抬兩腳向左橫跳半步，使兩腳落步成併步，兩腿微蹲。同時，右劍向外挽花，然後撚肘背劍，劍尖向後，劍體稍高於肩，左劍指不變（圖55）。

　　接上動作，右腳向後退一步，使兩腿成左弓步。同時，右劍向前挽半花，然後向前撩劍，左劍指附於右肘內側，目視右劍（圖56）。

圖57

圖58

## 35. 紫燕斜飛

抬右腳向前上一步，使兩腿成右弓步。同時，右劍由外向內旋腕挽劍，使劍尖斜向上，左劍指向左垂臂沉指，目視劍尖（圖57）。

## 36. 聲東擊西

以兩腳為軸，體左轉180度，收左腳後退半步，使兩腿成拖步。同時，左劍指向前推出，掌心向前，右劍隨身抽把下劈，目視劍指（圖58）。

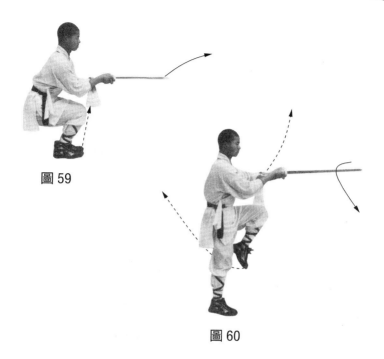

圖 59

圖 60

## 37. 白猿探果

抬右腳向前上半步，與左腳成併步，兩腿半
蹲。同時，右劍由後向前點劍，左劍指屈肘附於
右前臂內側，目視劍尖（圖59）。

## 38. 大鵬展翅

抬左腿向前提膝，同時右劍向前抬肘升劍，
左劍指附於右前臂（圖60）。

圖 61

圖 62

　　接上動作，右腿支撐，左腿向後伸起，腳面繃平。同時，右劍與左劍指由內向兩側展臂伸平，劍鋒、劍指向前，頭略仰起（圖61）。

### 39. 夜叉探海

　　左腳向前落一步，使兩腿成左弓步。同時，右劍由右上方向左劈劍，然後屈肘抱劍，劍尖向後（圖62）。

圖 63

　　接上動作，右腳向前上一步，再抬左腳移於右腳後外側一步，使兩腿成大插步。同時，右劍由下向上在頭上挽花，然後由上向右側下方撩劍，左劍指挪肘亮指，上體向左側傾斜，目視劍尖（圖63）。

圖 64

### 40. 燕子鑽帘

以兩腳為軸，體向左轉 270 度，使兩腿成左
弓步。同時，右劍隨身由上向前下方劈劍，左劍
指舉臂亮指，目視劍尖（圖 64）。

圖65

## 41. 仙人指路

抬右腳向前上半步，體向右轉 180 度，再抬左腳向前上步，使兩腿成左弓步。同時，右劍隨身由上向前方點刺，左劍指屈肘附於右肩前，目視劍尖（圖65）。

圖 66 　　　　　　　　　圖 67

## 42. 童子拜佛

以兩腳為軸，體向右轉 180 度，使兩腿成插步。同時，右劍向右劈，然後向左撩劍，使劍鋒向上，左劍指附於右腕（圖 66）。

接上動作，兩腿全蹲成歇步。同時，右劍由上向下沉把豎劍，左劍指附於劍把，使劍體豎立胸中，劍鋒向上（圖 67）。

圖 68

圖 69

## 43. 還原歸眞

　　起身，右腳向右跨一步，右手向左上方拋
劍，左手快速接劍（圖68）。

　　接上動作，收左腳與右腳成併步，同時左劍
翻把向後背劍，右掌屈肘亮於胸前，目視前方
（圖69）。

圖 70

## 收 勢

左劍由後向前，右手由上向下，同時垂臂，
身胸挺直，左手抱劍於左側，右掌附於大腿外
側，目視前方（圖70）。

# 六、少林春秋大刀

**歌訣：**

少林春秋刀，出勢神難招。

劈撩砍抹削，撩刺斬架挑。

變幻施舞花，善施回馬刀。

鷂子翻身背後刀，上斬下劈橫掃腰。

學會關公眞武藝，走南闖北成英豪。

## 動作名稱及順序

| | | |
|---|---|---|
| 預備勢 | 1. 老僧拜佛 | 2. 懷抱琵琶 |
| 3. 武松抖刀 | 4. 關公背刀 | 5. 霸王舉旗 |
| 6. 金雞獨立 | 7. 破門刀 | 8. 連環撩陰 |
| 9. 魯班棚樑 | 10. 燕子別翅 | 11. 束身抱刀 |
| 12. 破門刀 | 13. 華雄藏刀 | 14. 織女穿梭 |
| 15. 二郎擔山 | 16. 破門刀 | 17. 牛郎擔柴 |
| 18. 金雞獨立 | 19. 舞花 | 20. 燕子別翅 |
| 21. 太監頂門 | 22. 呂布托戟 | 23. 回頭望月 |
| 24. 朝天一炷香 | 25. 燕子別翅 | 26. 磨項刀 |
| 27. 關公背刀 | 收勢 | |

圖 1

圖 2

## 預備勢

兩腳併立，身胸挺直，右手握刀，左臂自然下垂，掌附左大腿外側，目視前方（圖1）。

## 1. 老僧拜佛

左腳向左跨半步，左掌由下向外、向上畫弧，然後向內屈肘亮掌，掌心向右，掌指向上，目視前方（圖2）。

圖3

## 2. 懷抱琵琶

抬右腳由外向內踢刀根，同時右腿提膝，左手向下接把，抖腕斜托刀體，刀尖向右後方（圖3）。

圖 4

### 3. 武松抖刀

　　右腳向左落一步，體向左轉 90 度，抬左腳向前上一步，使兩腿成左弓步。同時，刀隨身向前抖刀（圖 4）。

### 4. 關公背刀

　　抬右腳震腳（響亮），然後先抬右腳，後抬左腳向前跳一步，左腳落右腳前，使兩腿成左弓步。同時，刀由前向後掄半花，左手脫把向前推

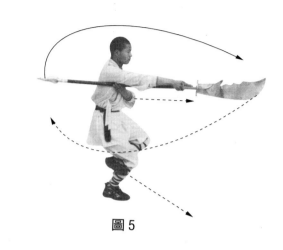

圖 5

圖 6

掌，右手握刀向下背於身後，刀尖向下、向後，
刀根向上，目視左手（圖5、圖6）。

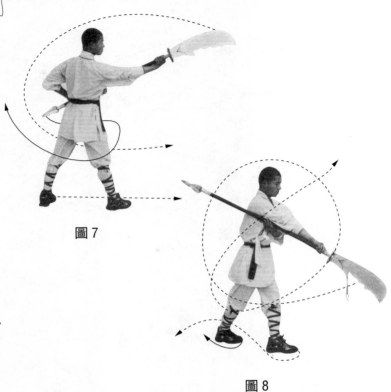

圖7

圖8

## 5. 霸王舉旗

　　右腳向前上一步，體向左轉 45 度，右手握刀
由後向前，然後左手接把，兩手托刀向前，目視
刀尖（圖7）。

　　接上動作，體向右轉 45 度，左腳向前上一
步，兩手握刀由前向後返前舞花（圖8）。

圖9

　　接上動作，抬左腳移於右腳後一步，體向右
轉270度，轉身後使兩腿變成右弓步。同時大刀
隨身舞花，然後右手舉刀立豎身右側，刀尖向上
（圖9）。

圖 10

圖 11

## 6. 金雞獨立

　　以兩腳為軸，體向左轉 45 度，使兩腿成左弓步。同時，刀向左側上方擺，目視左側（圖10）。

　　接上動作，右腳向前上一步，體向左轉 180度，抬左腿向前提膝。同時，刀向下撩，然後隨身向前扎，目視刀尖（圖11）。

圖 12

圖 13

## 7. 破門刀

左腳下落右腳後一步，體左轉 180 度，抬右腳向前上一步，體繼而左轉 90 度，兩腿半蹲成馬步。同時，兩手持刀隨身由後向上再往右側猛劈，目視刀尖（圖 12）。

## 8. 連環撩陰

右腳不動，抬左腳移於右腳後外側一步，使兩腿成插步。同時，刀由右外返左絞刀，然後向前下方撩刀，目視刀尖（圖 13）。

圖14

接上動作，以兩腳為軸，體向左轉90度，收右腳向後半步，兩腿微蹲成右虛步。同時，刀隨身由右向左掄舞花，然後托刀向前下方撩，目視刀尖（圖14）。

### 9. 魯班棚樑

右腳後退一步，體向右轉180度，同時，刀隨身右掄舞花（圖15）。

接上動作，抬兩腳向前跳一步，右腳落左腳前，使兩腿成右弓步。同時，刀由前向後繞頭再返前，舉左臂架刀，使刀刃向前（圖16）。

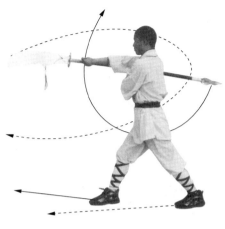

圖 15

圖 16

圖 17

### 10. 燕子別翅

以兩腳為軸，體向左轉 180 度，刀隨身掄半花，然後上體後仰，刀向後刺（圖 17）。

接上動作，右腳向前上一步，體向左轉 180度，刀在頭後上方由右向左絞刀，然後隨身向後、向下返前托刀（圖 18）。

接上動作，右腳不動，抬左腿提膝，同時，體向右轉 90 度，左手捌肘架把，向右側刺刀，目視右側（圖 19）。

圖 18

圖 19

圖 20

## 11. 束身抱刀

左腳下落右腳內側，與右腳成併步，兩腿半蹲。同時，左把下沉，抱刀於身前，刀尖向右，目視左側（圖 20）。

## 12. 破門刀

左腳向左跨半步，體向左轉 90 度，抬右腳向前上一步，同時刀隨身由右向左掄舞花（圖 21）。

接上動作，以兩腳為軸，體向左轉 90 度，兩腿半蹲成馬步。同時，刀由前向下往後返前往右側下劈，目視刀尖（圖 22）。

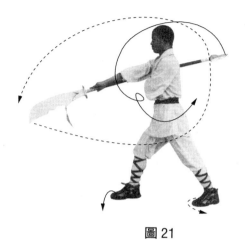

圖 21

圖 22

圖 23                                    圖 24

### 13. 華雄藏刀

以兩腳為軸，體向右轉 90 度，抬左腳向前上
一步，體繼而右轉 180 度，刀隨身向右上掄刀，
然後向右沉刀，使左手架肘抬把（圖 23）。

接上動作，震右腳（響亮），抬左腳移於右
腳左側一步，兩腿半蹲成縱馬步。同時，刀由下
向前、向上往後返前掄一周，背於背後，刀尖向
下，然後左手脫把，向前屈肘抖拳（圖 24）。

### 14. 織女穿梭

抬右腿向後提膝，同時右手端刀由下向前，

圖 25

圖 26

左手附於刀體中部，目視前方（圖25）。

　　接上動作，右腳向後落一步，體向右轉45度，使兩腿成右橫弓步。同時，抬刀平胸，向右穿把，左手滑向刀面，目視左手（圖26）。

圖 27

### 15. 二郎擔山

以兩腳為軸，體向左轉 90 度，抬右腳向前上一步，使兩腿成右弓步。同時，右手舉刀過頭，落於兩肩後，左手向左側展臂亮掌，目視刀尖（圖 27）。

### 16. 破門刀

左腳向前上一步，體右轉 180 度。同時，右手托刀體向上過頭下落於胸前，左手接把，兩手托刀向前撩刀（圖 28）。

接上動作，左腳向前上一步，兩手握刀由前向後返前掄舞花（圖 29）。

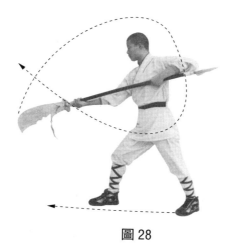

圖 28

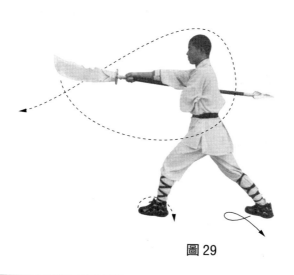

圖 29

圖 30

接上動作，抬右腳移於左腳後外側一步，使兩腿成插步，體向右轉 270 度，轉身後右腳向右跨半步，使兩腿成馬步。同時，刀隨身掄舞花，然後側劈刀，目視刀尖（圖 30）。

### 17.牛郎擔柴

以兩腳為軸，體向右轉 90 度，抬左腳向前上一步，使兩腿成左弓步，同時兩手托刀上挑（圖 31）。

接上動作，右腳向前上一步。同時，左手脫把，掌附肩前，右手握把，舉把過頭，使刀體落在右肩上，刀尖向後，目視前方（圖 32）。

圖 31

圖 32

圖 33

## 18. 金雞獨立

兩腳不動，向右下方撩刀，然後再由右後下方向前、向上游刀，使左手接把，兩手托刀斜向上方（圖33）。

接上動作，抬左腿向前提膝。同時，右手端刀平橫臥左肩前，左手脫把，向前推掌，附於刀面左側，目視前方（圖34）。

## 19. 舞 花

左腳向前落一步，使兩腿成左弓步。同時，

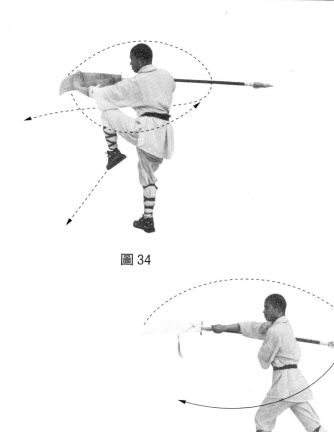

圖 34

圖 35

　　右刀把向上過頭，使刀把下落身左側，左手接
把，兩手握刀，由右向後返前掄舞花（圖 35）。

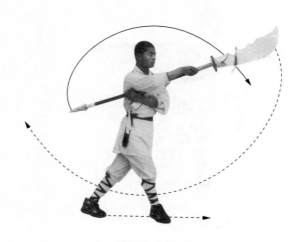

圖 36

接上動作，以兩腳為軸，體向右轉 180 度。
同時，兩手握刀隨身由左向右掄舞花（圖 36）。

接上動作，左腳向前上一步，體向右轉 180
度。同時，刀由左向右掄半花，抬左腳上步落右
腳前一步，刀繼續由左向右掄舞花（圖 37）。

## 20. 燕子別翅

以兩腳為軸，體向右轉 90 度，兩手握刀由左
向右側下方劈刀（圖 38）。

圖 37

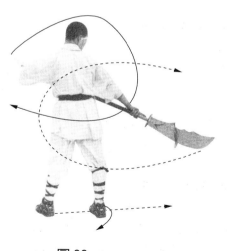

圖 38

圖 39

接上動作，以兩腳為軸，體向右轉 90 度，抬左腳向前上一步，使兩腿成左弓步。同時，兩手握刀由右向左掄半舞花，然後右手向前送刀（圖39）。

### 21. 太監頂門

左腳後退一步，體向左轉 180 度，使兩腿成左弓步。同時，左手翻把，兩手托刀由後向前托刀，然後舉左臂向前推刀體，使刀尖向下，刀刃向前，目視前方（圖40）。

### 22. 呂布托戟

左腳後倒一步，以兩腳為軸，體向左轉 180度，同時兩手握刀由右向左掄舞花（圖41）。

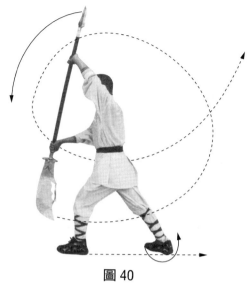

圖 40

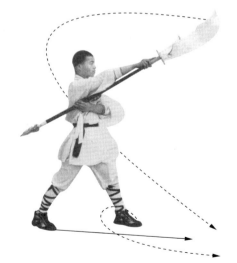

圖 41

圖 42

圖 43

接上動作，右腳向前上一步，體向左轉 180
度，抬左腳向後倒步。同時，兩手握刀由前向後
掄舞花，然後隨身向右後下方撩刀，目視刀把
（圖 42）。

### 23. 回頭望月

右腳後退一步，以兩腳為軸，體向右轉 270
度，使兩腿成插步。同時，兩手握刀隨身向右方
攔刀，然後提左把向後斬刀，目視右後方（圖
43）。

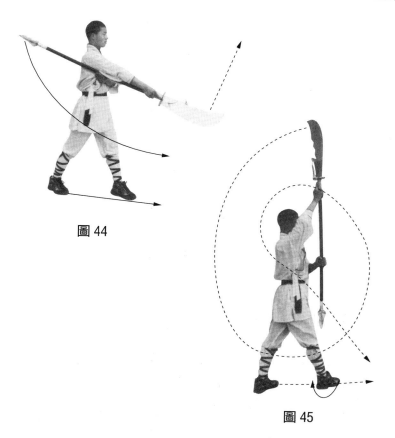

圖 44

圖 45

## 24. 朝天一炷香

左腳向前上一步，使兩腿成拖步，同時兩手握刀由後向前掄舞花（圖 44）。

接上動作，右腳向前上一步。同時，兩手向前推把豎刀，刀尖向上，目視前方（圖 45）。

圖 46

### 25. 燕子別翅

　　左腳向前上一步，體向右轉 90 度，兩手握刀由前向後向下返前掄舞花（圖 46）。

　　接上動作，左腳向後倒一步，體向右轉 90度，使兩腿成插步。同時，左手脫把，向內屈肘亮掌，附於右肩前下方，右手握刀隨身轉向右後側抹刀，使刀杆背於肩後，目視右側（圖 47）。

### 26. 磨項刀

　　左腳向左跨一步，體向左轉 90 度，使兩腿成

圖 47

圖 48

左弓步。同時，右手握刀由後向下向前往上畫，
然後左手接把，使刀擔在右肩上，刀把向前（圖
48）。

圖 49

接上動作，右腳向前上一步，體左轉 90 度，兩手協助刀繞脖於頸前，兩手托住刀杆，使刀尖向右（圖 49）。

## 27. 關公背刀

以兩腳為軸，體向右轉 90 度，右腳後退一步，使兩腿成左弓步。同時，刀由右向左掄舞花，然後向前上方斜撩刀（圖 50）。

接上動作，抬兩腳向前墊跳一步，左腳落右腳前，使兩腿成左弓步。同時，兩手握刀由前向後掄舞花，然後左手脫把，向前推出，掌心向前，右手握刀背於身後，刀尖向下（圖 51）。

圖 50

圖 51

圖 52

## 收 勢

以兩腳為軸,體向右轉 90 度,收左腳與右腳成併步。同時,右手握刀由後向前、向上掄半舞花,然後刀豎身右側,刀尖向上,左手垂臂抱拳,目視前方(圖 52)。

# 七、少林朴刀

**歌訣：**

少林朴刀大大變，招法模習春秋源。
三十年代進少林，永祥和尚帶進山。
春秋大刀演純熟，學練朴刀毫不難。
砍劈抹撩掃掠掛，架絞搗把穿箭斬。
變緩切記掄舞花，密如雲雨水難沾。
大刀朴刀出一家，少林拳譜內有篇。

## 動作名稱及順序

| 預備勢 | 1. 呂布托戟 | 2. 鷂子鑽雲 |
|---|---|---|
| 3. 蒼龍攪海 | 4. 金雞獨立 | 5. 秦瓊背刀 |
| 6. 夜叉探海 | 7. 大聖通天 | 8. 滾身刀 |
| 9. 鷂子翻身 | 10. 舞花斬刀 | 11. 小鬼抹臉 |
| 12. 蘇秦背劍 | 13. 金雞獨立 | 14. 力劈華山 |
| 15. 鷂子翻身 | 16. 舞花進刀 | 17. 回頭望月 |
| 18. 金雞獨立 | 19. 青龍出海 | 20. 舞花背刀 |
| 21. 夜叉攪海 | 22. 枯樹盤根 | 23. 大仙推山 |
| 24. 老僧拜佛 | 收勢 | |

圖 1 圖 2

### 預備勢

兩足併立，身胸挺直，右手握刀，左臂下垂，掌附大腿外側，目視前方（圖1）。

接上動作，右手刀稍往上提，左掌變拳，抱於腰間，頭向左擺，目視左側（圖2）。

### 1. 呂布托戟

抬右腳向左踢把根，左手向右接把（圖3）。

接上動作，右腳下落左腳外側一步，體向左轉45度，使兩腿成大插步。同時，兩手托刀向右側下方砍，目視刀頭（圖4）。

圖 3

圖 4

圖 5

## 2. 鷂子鑽雲

抬兩腳向前向上跳躍，當全身騰空時向前上方抖刀，目視刀尖（圖 5）。

圖 6

圖 7

### 3. 蒼龍攬海

體向左轉，兩腳落地，右腳在前，使兩腿成拖步，同時，兩手握刀向前方劈，目視刀頭（圖6）。

接上動作，以兩腳為軸，體向左轉180度，左腿半蹲，右腿跪地，同時，兩手握刀隨身溜地向前斜砍，目視刀頭（圖7）。

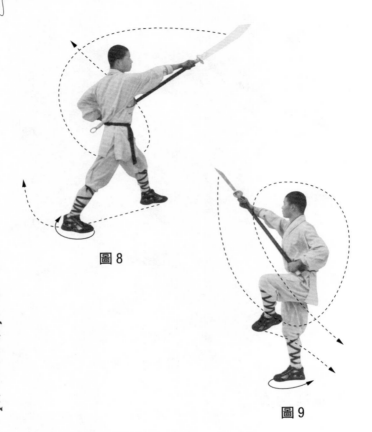

圖 8

圖 9

### 4. 金雞獨立

　　起身，兩手握刀向右絞刀（圖8）；左腿向後倒一步，體向左轉180度，抬左腿提膝，同時，刀向後隨身往左掄舞花，然後向前上方刺刀，目視刀尖（圖9）。

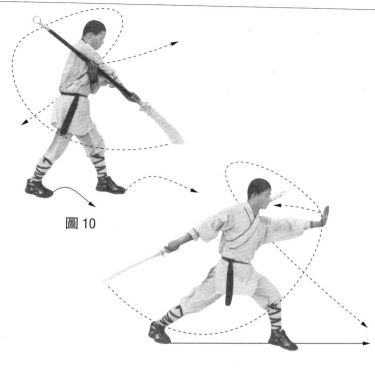

圖 10

圖 11

## 5. 秦瓊背刀

左腳向後落一步,體向左轉 180 度,使兩腿成
拖步,同時,刀由前向後隨身掄舞花(圖 10)。

接上動作,兩手握刀向後返前掄舞花,然後
震右腳(響亮),再兩腳向前踮跳一步,左腳落
右腳前,使兩腿成左弓步,同時刀掄半花,左手
脫把向前推掌,右手握刀背於臂後,刀尖向下,
目視左手(圖 11)。

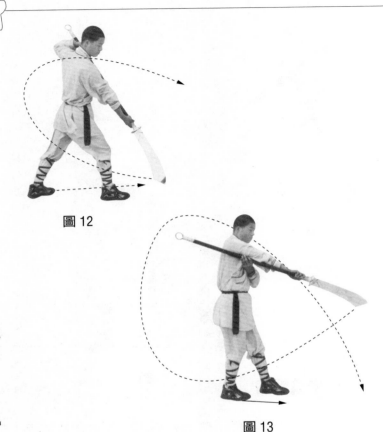

圖 12

圖 13

## 6. 夜叉探海

右腳向前上一步，兩手握刀由後向前再向後返前掄撩（圖 12）。

接上動作，左腳向前上半步，同時兩手握刀由前向後返前掄舞花（圖 13）。

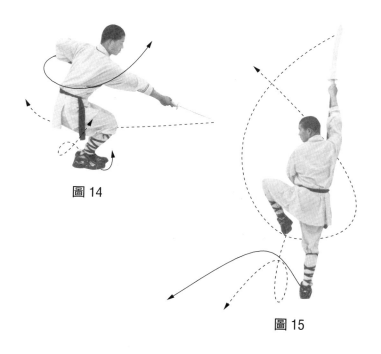

圖 14

圖 15

接上動作，抬右腳向前震腳（響亮），與左腳成併步，兩腿半蹲，同時，刀由前向後再返前下方探刺，目視刀尖（圖 14）。

## 7. 大聖通天

右腳後退一步，體向右轉 180 度，抬左腿提膝，同時，兩手握刀隨身向前撥刀，然後舉右臂，使刀豎右側，刀尖向上（圖 15）。

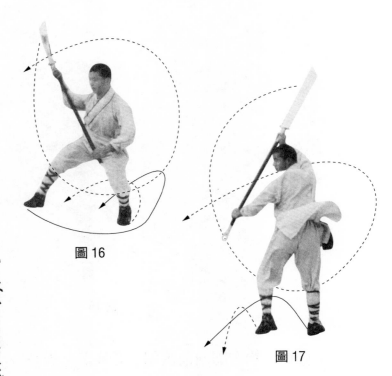

圖 16

圖 17

## 8. 滾身刀

　　左腳向左落地，體向左轉 45 度，抬右腳向前一步，兩手托刀向前，使刀尖向上（圖 16）。

　　接上動作，先抬左腳後抬右腳，向左翻身（轉體 270 度）跳步，當全身騰空時，向上抖刀（圖 17）。

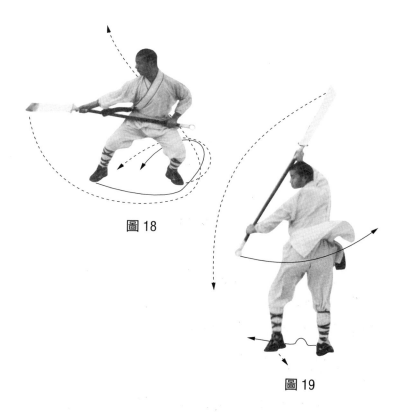

圖 18

圖 19

接上動作，兩腳向下落地，右腳落左腳前，
同時，兩手握刀隨身勢向右側前方劈刀，目視刀
尖（圖18）。

接上動作，先抬左腳，後抬右腳，向左翻身
（轉體270度）跳步，當身騰空時，向上抖刀
（圖（19）。

圖 20

　　接上動作，兩腳向下落地，右腳落左腳內側一步，使兩腿成馬步，同時，兩手握刀由上向右側下方劈，目視刀尖（圖 20）。

### 9. 鷂子翻身

　　先抬右腳後抬左腳，向右翻身（右體轉 180度）跳步，翻身後兩腿成馬步，同時，兩手握刀隨身向右側砍刀，目視刀尖（圖 21）。

### 10. 舞花斬刀

　　以兩腳為軸，體向右轉 90 度，使兩腿成右弓步，同時，兩手握刀由前向後返前掄舞花（圖

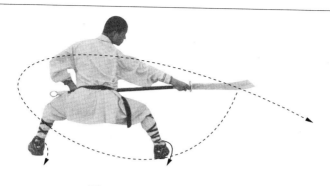

圖 21

圖 22

22）。

接上動作，左腳向前上一步，倒掄舞花，體
向右轉 180 度，左腳向前再上一步，同時繼續掄

圖 23

圖 24

舞花（圖23）。

　　接上動作，右腳向前上一步，使兩腿成馬步，同時兩手握刀由前向後返前掄刀，然後向前斜上斬刀（圖24）。

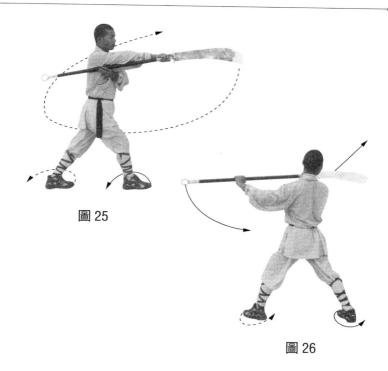

圖 25

圖 26

## 11. 小鬼抹臉

以兩腳為軸，體向左轉 90 度，抬右腳向前上一步，使兩腿成右弓步，同時，刀由後向前掄半花（圖 25）。

接上動作，以兩腳為軸，體向左轉 90 度，使兩腿成大岔步，同時，兩手握刀由前向左向下往後掄刀，然後舉左臂架於頸前，刀尖向右，目視右側（圖 26）。

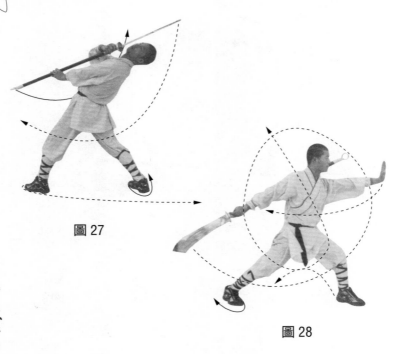

圖 27

圖 28

接上動作，以兩腳為軸，體向左轉 90 度，同時上體後仰，兩手握刀繞面搖晃（圖 27）。

## 12. 蘇秦背劍

左腳後退一步，體向左轉 180 度，使兩腿成左弓步，同時，兩手握刀由後向前隨身掄兩個舞花，然後震右腳（響亮），刀背臂後，使刀尖向下，左手脫把，向前推掌（圖 28）。

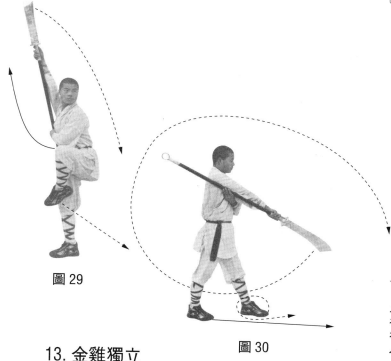

圖 29

圖 30

## 13. 金雞獨立

體右轉 90 度，收左腿提膝，同時，兩手握刀
由後向前向左掄舞花，再倒掄舞花，然後舉右臂
豎刀於右側，刀尖向上（圖 29）。

## 14. 力劈華山

左腳向左落一步，體向左轉 90 度，同時，兩
手握刀由右上方向左前方下撩（圖 30）。

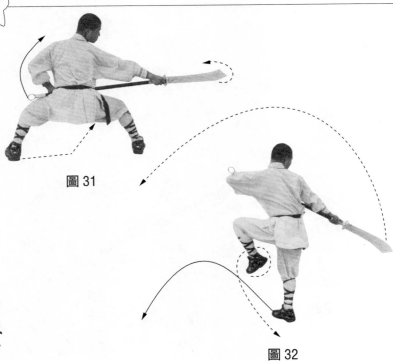

圖 31

圖 32

　　接上動作，震右腳（響亮），抬兩腳向前跳一步，右腳落左腳前，體左轉 90 度，使兩腿成馬步，同時，兩手握刀向右側劈刀，目視刀尖（圖31）。

### 15.鷂子翻身

　　收左腿提膝，兩手握刀由外向內絞刀（圖32）。

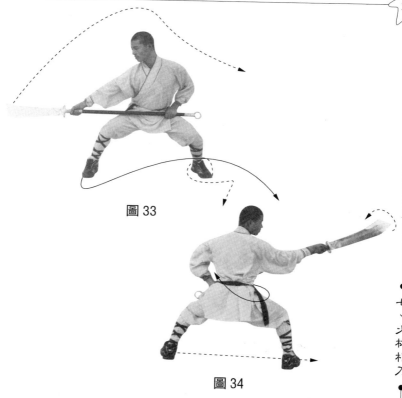

圖 33

圖 34

　　接上動作，左腳不落地，抬右腳向左翻身
（體左轉 180 度）跳步，轉身後右腳落左腳內側
一步，使兩腿成馬步，同時刀隨身由上往右側下
方猛劈（圖 33）。

　　接上動作，抬兩腳向左翻身（體左轉 180
度）跳步，轉身後兩腳落地成馬步，兩手握刀隨
身由上向右側前斜方抖刀，目視刀尖（圖 34）。

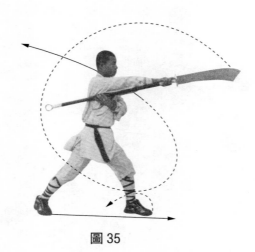

圖 35

## 16. 舞花進刀

以兩腳為軸，體向右轉 90 度，左腳向前上一步，同時，刀隨身由左向右掄舞花（圖 35）。

接上動作，右腳向前上一步，刀向左掄舞花，體向左轉 180 度，再向右倒掄舞花（圖 36）。

接上動作，以兩腳為軸，體向右轉 180 度，同時，兩手握刀隨身由上向前下方戳刀（圖 37）。

圖 36

圖 37

圖 38

圖 39

## 17. 回頭望月

以兩腳為軸，體向左轉 180 度，刀由後隨身向前上方撩刀（圖 38）。

接上動作，抬右腳向前上一步，體向右轉 90 度，使兩腿成右弓步，同時兩手托刀向右側下方斜刺，目視右後方（圖 39）。

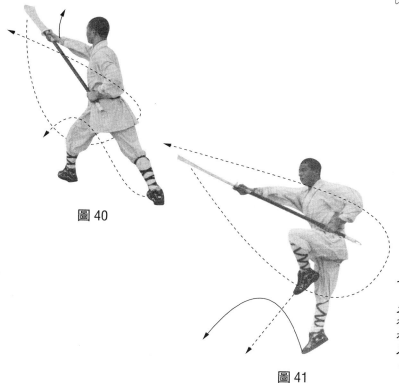

圖 40

圖 41

## 18. 金雞獨立

上體向左轉 90 度，右弓步不變，兩手握刀由
後向前上方斜戳（圖 40）。

接上動作，抬左腿向前提膝，同時，兩手握
刀由上向下向右後方掄花，然後向前托刀前刺，
目視刀尖（圖 41）。

圖 42

圖 43

## 19. 青龍出海

左腳向前落一步，速抬右腳向前跳一步，落左腳前，同時，兩手握刀由前向右後方返前掄刀，然後向前劈刀（圖42）。

接上動作，以兩腳為軸，體向左轉180度，左腿半蹲，右腿跪地，同時，兩手握刀由後隨身向前撥刀，然後抖肘上挑（圖43）。

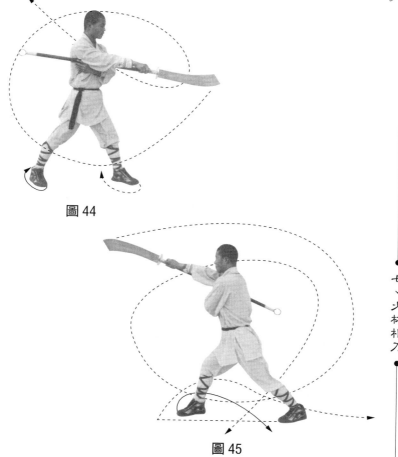

圖 44

圖 45

## 20. 舞花背刀

　　起身，兩手握刀向右掄舞花（圖 44）；體向
右轉 180 度，再向左掄舞花（圖 45）。

圖 46

接上動作，左腳向前上一步，刀向左掄舞
花，然後抬兩腳向右翻身（體右轉 180 度），轉
身後震右腳（響亮），左腳落右腳前，使兩腿成
左弓步，同時兩手握刀隨身向前掄舞花，然後左
手脫把向前推掌，右手挽刀背於身後，目視左手
（圖 46）。

## 21. 夜叉攪海

右腳向前上半步，兩手握刀由後向前上方戳
刀，目視刀尖（圖 47）

接上動作，右腳向前上一步，兩手握刀由上

圖 47

圖 48

向後下方再返前掄刀，然後由右向左攪刀（圖
48）。

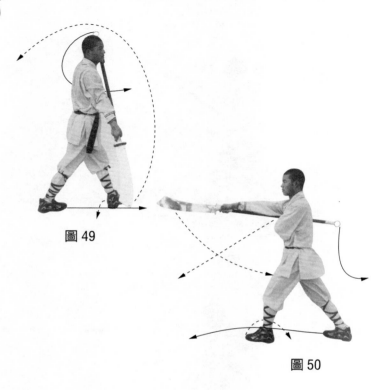

圖 49

圖 50

## 22. 枯樹盤根

左腳向前上一步，兩手推刀由右向左絞刀（圖49）。

接上動作，右腳向前上一步，體向左轉180度，使兩腿成左弓步，同時，兩手握刀由後隨身向前劈刀（圖50）。

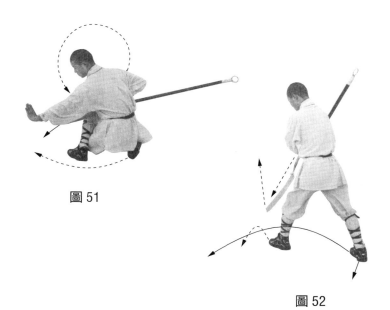

圖 51

圖 52

　　接上動作，右腳向前上一步，體右轉 90 度，使兩腿成插步，然後兩腿全蹲成歇步，同時，左手脫把向前推出，右手鉗刀向後穿把，目視左手（圖 51）。

## 23.大仙推山

　　起身，左腳向左跨一步，兩手握刀向左掄舞花（圖 52）。

　　接上動作，震右腳（響亮），抬兩腳向右翻

圖 53　　　　　　　　　圖 54

身（右轉體 90 度）跳步，右腳向前落一步，使兩腿成右弓步，同時，左手脫把，向左側推掌，右手鉗刀向前亮刀，使刀把向右後方（圖 53）。

### 24. 老僧拜佛

收右腳向內半步，同時，右手仰刀向上，刀把下沉，使刀直豎身右側，左掌向內屈亮於胸前，掌心向右，掌指向上，目視前方（圖 54）。

### 收勢

收左腳與右腳成併步，左手由上向下，附於左大腿外側，身胸挺直，目視前方。

# 八、少林月牙鏟

**歌訣：**

少林月牙鏟，緊那羅王傳。
進戳劈撩掩，撥搗崩掤閃。
舞花密如雨，抖如虎下山。
變幻如神仙，進退速如電。
偷施回馬槍，戳鏟如放箭。
月牙上下畫，絞割左右纏。
頭尾都打人，江湖尊魁元。
少林真武藝，威名不虛傳。

## 動作名稱及順序

| 預備勢 | 1. 大聖端棒 | 2. 夜叉探海 |
| 3. 翻江倒海 | 4. 猿猴背棍 | 5. 魯班棚樑 |
| 6. 回頭望月 | 7. 二郎擔山 | 8. 萬箭穿心 |
| 9. 舞花劈鏟 | 10. 鷂子翻身 | 11. 回頭望月 |
| 12. 牛郎擔柴 | 13. 回馬殺槍 | 14. 雲裡撥燈 |
| 15. 翻雲覆雨 | 16. 金雞獨立 | 17. 舞花背刀 |
| 18. 撥雲見日 | 19. 力劈華山 | 20. 白雲蓋頂 |
| 21. 舞花坐山 | 收勢 | |

圖1

圖2

### 預備勢

兩足併步站立,身胸挺直,右手握鏟,左手附於大腿外側,目視前方(圖1)。

接上動作,左腳向左跨半步,左掌變拳,抱於腰間,頭向左擺,目視左側(圖2)。

### 1. 大聖端棒

右腳向外踢鏟根,體向左轉 90 度,左手接把,右手向下滑把,兩手托鏟由下向上挑,兩腿微蹲,目視鏟頭(圖3)。

圖 3

圖 4

## 2. 夜叉探海

　　震右腳（響亮），抬兩腳向前跳一步，左腳落右腳前，使兩腿成左弓步，同時，兩手握鏟由上向下劈，目視鏟頭（圖 4）。

圖 5

### 3. 翻江倒海

以兩腳為軸，體向左轉 45 度，使兩腿成右弓步，同時，兩手握鑣向右絞鑣，然後隨身向左側後方進鑣，再向右側前方搗根（圖 5）。

### 4. 猿猴背棍

兩腳不動，鑣向右掄舞花，震右腳（響亮），抬左腳向前上一步，使兩腿成左弓步，同時，左手脫把向前推出，右手握鑣背於身後，鑣頭向上，目視左手（圖 6）。

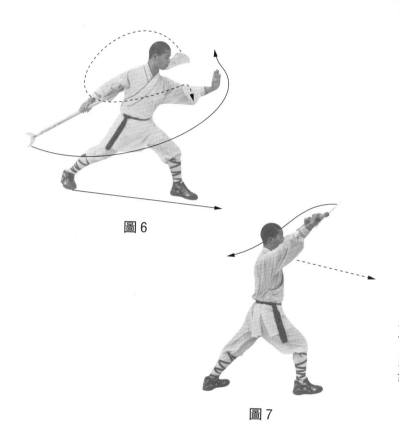

圖 6

圖 7

## 5. 魯班棚樑

右腳向前上一步，使兩腿成右弓步，同時，右手握鏟向左掄把，左手接把，兩手向前上方橫推鏟杆，目視前方（圖 7）。

圖 8

### 6. 回頭望月

兩腳不動，兩手倒把，托鏟向前下方劈鏟根，目視月牙（圖8）。

接上動作，左腳向前上一步，體向右轉180度，使兩腿成右弓步，同時，兩手握鏟隨身向前戳月牙，然後再向後進鏟，目視鏟頭（圖9）。

### 7. 二郎擔山

右腳向後倒一步，體向右轉180度，收右腳與左腳成併步，兩腿半蹲，同時，兩手握鏟隨身勢向右側進月牙（圖10）。

圖 9

圖 10

圖 11

接上動作，抬右腳向右跨一步，使兩腿成右橫弓步，同時，右手上舉鑱杆過頭，然後下落肩上，左手脫把，向左推掌，目視左側（圖11）。

## 8. 萬箭穿心

震右腳（響亮），抬兩腳向前跳一步，左腳落右腳前，使兩腿成左弓步，同時，右手握鑱由後向前掄，左手接把，兩手握鑱前刺（圖12）。

圖 12

圖 13

## 9. 舞花劈鏟

　　以兩腳為軸，體向右轉 90 度，鏟倒掄舞花
（圖 13）。

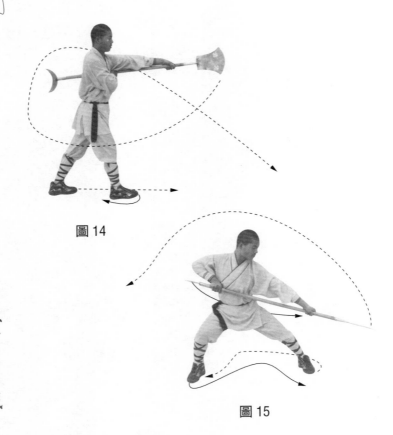

圖 14

圖 15

　　接上動作，右腳後倒一步，體繼而右轉 180
度，倒掄兩個舞花（圖 14）。

　　接上動作，掄舞花，左腳向前上一步，體右
轉 90 度，使兩腿成馬步，同時，兩手握鑔向左側
斜劈，目視鑔頭（圖 15）。

圖 16

## 10. 鷂子翻身

抬兩腳向左翻身（體左轉 180 度）跳步，轉身後兩腿成馬步，同時，兩手握鏟向左側進鏟，目視左側（圖 16）。

圖 17

## 11. 回頭望月

以兩腳為軸，上體向左轉 180 度，使兩腿成大插步，同時，兩手握鏟由前隨身向後上方斜鏟，目視後方（圖 17）。

圖 18

## 12. 牛郎擔柴

　　右腳向前上一步，兩手握鏟隨身抽把，右手向上移把，鏟鋒向前，同時左手脫把，屈肘亮掌，立於胸前，目視前方（圖 18）。

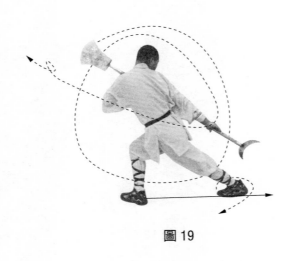

圖 19

## 13. 回馬殺槍

右腳前上一步，兩手握鑱向右掄舞花，然後上體向右轉 90 度，使兩腿成右弓步，同時，兩手換把向後方搗月牙，目視後方（圖 19）。

圖 20

## 14. 雲裡撥燈

　　右腳後退一步，兩手握鏟向右掄舞花，然後
體向右轉 180 度，使兩腿成插步，同時，兩手握
鏟由左向右側上方刺刀、絞刀（圖 20）。

圖 21

### 15. 翻雲覆雨

　　左腳向左側跨一步，體向左轉 90 度，使兩腿成左弓步，同時，兩手握鏟由後向前上方斜劈，目視鏟鋒（圖 21）。

　　接上動作，右腳向前上一步，同時，兩手握鏟向前下方劈月牙，使鏟頭向後（圖 22）。

### 16. 金雞獨立

　　右腳立地，抬左腿向前提膝，同時，兩手握鏟向前上挑月牙，上體稍向後仰，目視月牙（圖23）。

圖 22

圖 23

圖 24

## 17. 舞花背刀

左腳向前落地，體向右轉 180 度，同時兩手握鏟向右掄舞花，然後向左掄舞花（圖 24）。

接上動作，兩手握鏟，向左掄舞花，然後抬兩腳向前跳一步，左腳落右腳前，使兩腿成左弓步，同時，左手脫把向前推掌，右手握鏟背於身後，目視左手（圖 25）。

## 18. 撥雲見日

兩手握鏟，向左掄舞花，然後抬右腳向前上步，向右掄舞花（圖 26）。

圖 25

圖 26

圖 27

接上動作，左腳向前上一步，體向右轉 90 度，換把，兩手握鏟由右向左向上架於頭上，使鏟鋒向左（圖 27）。

## 19. 力劈華山

體向右轉 90 度，左腳向前上一步，使兩腿成左弓步，同時兩手握鏟，向右掄舞花，然後兩手換把，握鏟向前劈，目視鏟頭（圖 28）。

圖 28

圖 29

## 20. 白雲蓋頂

以兩腳為軸，體向右轉 180 度，兩手握鏟向右掄舞花（圖 29）。

圖 30

圖 31

　　接上動作，再向左掄舞花，然後翻右把，向右掄舞花（圖30）。

　　接上動作，以兩腳為軸，體向左轉90度，使兩腿成馬步，同時，左手翻把，兩手持鑔向頭上架鑔（圖31）。

圖 32

圖 33

## 21. 舞花坐山

以兩腳為軸，體向右轉 90 度，兩手握鏟由上向右掄舞花（圖 32）。

接上動作，體向左轉 180 度，同時，兩手握鏟由右向左掄半舞花（圖 33）；震右腳（響

圖 34

圖 35

亮），抬左腳再抬右腳向前跳一步，左腳落於右
腳前，體向右轉 90 度，使兩腿成馬步，由左向右
沉月牙，鏟豎身右側（圖 34）。

### 收勢

收左腳與右腳成併步，沉鏟，月牙落地，左
臂向左垂，掌附左大腿外側，身胸挺直，目視前
方（圖 35）。

# 導引養生功 系列叢書

張廣德養生著作

每冊定價 350 元

全系列為彩色圖解附教學光碟

# 彩色圖解太極武術

**1** 太極功夫扇

定價220元

**2** 武當太極劍

定價220元

**3** 楊式太極劍

定價220元

**4** 楊式太極刀

定價220元

**5** 二十四式太極拳+VCD

定價350元

**6** 三十二式太極劍+VCD

定價350元

**7** 四十二式太極劍+VCD

定價350元

**8** 四十二式太極拳+VCD

定價350元

**9** 楊式十八式太極劍

定價350元

**10** 楊氏二十八式太極拳+VCD

定價350元

**11** 楊式太極拳四十式+VCD

定價350元

**12** 陳式太極拳五十六式+VCD

定價350元

**13** 吳式太極拳五十六式+VCD

定價350元

**14** 精簡陳式太極拳八式十六式

定價220元

**15** 精簡吳式太極拳三十六式拳架·推手

定價220元

**16** 夕陽美功夫扇

定價220元

**17** 綜合四十八式太極拳+VCD

定價350元

**18** 三十二式太極拳 四段

定價220元

**19** 楊式三十七式太極拳+VCD

定價350元

**20** 楊氏五十一式太極劍+VCD
定價350元

**太極跤**

1 太極防身術
定價300元

2 擒拿術
定價280元

3 中國式摔角
定價350元

**簡化太極拳**

1 陳式太極拳十三式
定價200元

2 楊式太極拳十三式
定價200元

3 吳式太極拳十三式
定價200元

4 武式太極拳十三式
定價200元

5 孫式太極拳十三式
定價200元

6 趙堡太極拳十三式
定價200元

**原地太極拳**

1 原地綜合太極二十四式
定價220元

2 原地活步太極四十二式
定價200元

3 原地簡化太極拳二十四式
定價200元

4 原地太極拳十二式
定價200元

5 原地青少年太極拳二十二式
定價220元

6 原地兒童太極拳十播十六式
定價180元

# 健康加油站

1 糖尿病預防與治療

定價200元

2 胃部機能與強健

定價180元

3 不孕症治療

定價200元

4 簡易醫學急救法

定價200元

5 肥胖健康診療

定價200元

6 肝功能健康診療

定價200元

7 高血壓健康診療

定價200元

8 高血糖值健康診療

定價200元

9 尿酸值健康診療

定價200元

10 膽固醇中性脂肪健康診療

定價200元

11 痛風劇痛消除法

定價180元

12 三溫暖健康法

定價180元

13 手・腳病理按摩

定價180元

14 B型肝炎預防與治療

定價180元

15 吃得更漂亮、健康

定價180元

16 茶使您更健康

定價180元

17 圖解常見疾病運動療法

定價180元

18 科學健身改變亞健康

定價180元

# 運動精進叢書

1 怎樣跑得快
定價200元

2 怎樣投得遠
定價180元

3 怎樣跳得遠
定價180元

4 怎樣跳的高
定價180元

5 高爾夫揮桿原理
定價220元

6 網球技巧圖解
定價220元

7 陳式太極拳十三式　排球技巧圖解
定價230元

8 沙灘排球技巧圖解
定價230元

9 撞球技巧圖解
定價230元

10 籃球技巧圖解
定價220元

11 足球技巧圖解
定價230元

# 快樂健美站

1 柔力健身球

2 自行車健康享瘦
定價200元

3 跑步鍛鍊走路減肥
定價200元

定價200元

4 創造健康的肌力訓練
定價200元

5 舒適超級伸展體操
定價200元

6 水中有氧運動
定價200元

7 雕塑完美身材
定價200元

8 創造超級兒童
定價200元

9 陳式太極拳十三式
定價200元

10 防止老化的身體改造訓練
定價200元

11 三個月塑身計畫
定價200元

12 懶人族瑜伽
定價200元

13 忙裡偷閒練瑜伽基礎篇
定價200元

14 忙裡偷閒練瑜伽祛病養生篇
定價200元

15 健身跑激發身體的潛能
定價200元

16 中華鐵球健身操
定價200元

17 彼拉提斯健身寶典
定價200元

19 瑜伽美姿美容
定價180元

# 傳統民俗療法 系列叢書

## 品冠文化出版社

1 神奇刀療法

定價200元

2 神奇拍打療法

定價200元

3 神奇拔罐療法

定價200元

4 神奇艾灸療法

定價200元

5 神奇貼敷療法

定價200元

6 神奇薰洗療法

定價200元

7 神奇耳穴療法

定價200元

8 神奇指針療法

定價200元

9 神奇藥酒療法

定價200元

10 神奇藥茶療法

定價200元

11 神奇推拿療法

定價200元

12 神奇止痛療法

定價200元

13 神奇天然藥食物療法

定價200元

14 神奇新穴療法

定價200元

15 神奇小針刀療法

定價200元

# 常見病藥膳調養叢書

1 脂肪肝四季飲食

定價200元

2 高血壓四季飲食

定價200元

3 慢性腎炎四季飲食

定價200元

4 高脂血症四季飲食

定價200元

5 慢性胃炎四季飲食

定價200元

6 糖尿病四季飲食

定價200元

7 癌症四季飲食

定價200元

8 痛風四季飲食

定價200元

9 肝炎四季飲食

定價200元

10 肥胖症四季飲食

定價200元

11 膽囊炎、膽石症四季飲食

定價200元

品冠文化出版社